"十四五"职业教育国家规划教材

电子商务物流实务

职业教育财经商贸类专业教学用书
职业教育课程改革规划教材

陈雄寅　柯孙侨　谢利霞◎编　著

韦妙花◎主　审

华东师范大学出版社
·上海·

图书在版编目（CIP）数据

电子商务物流实务/陈雄寅,柯孙侨,谢利霞编著. —上海:华东师范大学出版社,2018

ISBN 978 - 7 - 5675 - 7581 - 3

Ⅰ.①电… Ⅱ.①陈…②柯…③谢… Ⅲ.①电子商务－物流管理－中等专业学校－教材 Ⅳ.①F713.365.1

中国版本图书馆 CIP 数据核字(2018)第 113717 号

电子商务物流实务

编　　著　陈雄寅　柯孙侨　谢利霞
项目编辑　何　晶
装帧设计　庄玉侠

出版发行　华东师范大学出版社
社　　址　上海市中山北路 3663 号　邮编 200062
网　　址　www.ecnupress.com.cn
电　　话　021 - 60821666　行政传真 021 - 62572105
客服电话　021 - 62865537　门市(邮购) 电话 021 - 62869887
地　　址　上海市中山北路 3663 号华东师范大学校内先锋路口
网　　店　http://hdsdcbs.tmall.com

印 刷 者　上海华顿书刊印刷有限公司
开　　本　787 毫米 × 1092 毫米　1/16
印　　张　10.25
字　　数　257 千字
版　　次　2018 年 7 月第 1 版
印　　次　2024 年 6 月第 10 次
书　　号　ISBN 978 - 7 - 5675 - 7581 - 3
定　　价　29.80 元

出 版 人　王　焰

(如发现本版图书有印订质量问题,请寄回本社客户中心调换或电话 021 - 62865537 联系)

前言
Qianyan

电子商务作为一种新型数字化商务方式，代表着未来的贸易、消费和服务方式，因此，要完善整体商务环境，就需要打破原有工业的传统体系，发展建立以商品代理和配送为主要特征，物流、商流、信息流有机结合的社会化物流配送体系。电子商务物流的概念是伴随电子商务技术和社会需求的发展而出现的，它是电子商务真正实现经济价值不可或缺的重要组成部分。

构建现代化电商物流服务体系，电商物流人才培养是关键。在国家商务部等九部门制定的《商贸物流高质量发展专项行动计划（2021—2025年）》中提及，到2025年，要初步建立畅通高效、协同共享、标准规范、智能绿色、融合开放的现代商贸物流体系。因此，加强人才培养，提高电商物流等从业人员的管理和操作能力迫在眉睫。

"电子商务物流实务"是一门面向职业院校电子商务物流及相关专业学生和电商物流从业人员的培训课程，旨在向院校学生和从业人员介绍电子商务物流领域的相关理论与实务知识。全书共有7个项目，分别是电子商务与物流新模式、移动电子商务网站建设、电商平台物流模板及公告制作、电子商务环境下的采购管理、电子商务环境下的仓储管理、电子商务环境下的快递业务和电子商务环境下的新型物流。该书自出版发行以来，深受广大师生和业界读者的欢迎，并于2022年通过复核入选教育部"十四五"职业教育国家规划教材。

每个项目包含若干任务，对于各任务的栏目设计，我们做了这样一些安排：

1. 任务展示：通过设计操作性很强的任务调动学生的学习兴趣和工作积极性。

2. 任务培训：主要介绍项目所涉及的一些必备理论知识、操作流程和作业技巧等。

3. 任务执行：通过图文并茂的表达方式，展示项目任务的具体操作步骤，同时介绍操作过程中应该注意的细节。

4. 任务巩固：在"任务执行"栏目结束后，进一步安排一个巩固训练项目，巩固学生先前所学。

本书的主要特点如下：

1. 服务1+X，书证融通。本教材编写团队中既有全国物流管理1+X认证核心专家，

前言
Qianyan

也有跨境电商B2B数据运营1+X认证专家，教材编写团队积极响应国家职教改革部署，服务1+X证书制度试点，力求将该教材打造成"书证融通"的职业教育国家规划教材。

2. 岗位导向，任务驱动。本书基于任务驱动和工作过程的流程进行编写，将电商物流相关岗位的工作任务转化为学习任务，实现"岗位导向，任务驱动"，体现"工学结合，理实一体"。

3. 突出典型，注重实务。现在大部分职业学校电子商务物流及专业的人才培养定位主要是培养实用型的电子商务物流技能人才或基层电子商务物流管理人才，本书在编写过程中遵循"突出典型，注重实务"的编写原则，有利于培养电子商务物流行业的实用型技能人才和管理人才。

4. 全彩印刷，图文并茂。本书全彩印刷，以图文结合的形式展示内容，直观形象地介绍相关知识点和技能点，不仅可以作为职业院校物流专业课程教材使用，又可以供相关物流从业人员培训使用。

本书由黎明职业大学陈雄寅（该书是他在浙江师范大学攻读博士研究生期间的研究成果）、福建省晋江职业中专学校柯孙侨、广东机电职业技术学院谢利霞共同编著，陈雄寅负责全书的总撰和定稿。此外，重庆市商务学校谭龙、广东机电职业技术学院梁钦参与编写。泉州职业技术大学韦妙花担任本书主审。

本书在编写过程中参考了大量的文献资料，借鉴和吸收了国内外众多学者的研究成果，在此对相关文献的作者表示诚挚的感谢。本书在编写过程中得到了黎明职业大学、浙江师范大学、福建省晋江职业中专学校等院校和中国物流与采购联合会、北京中物联物流采购培训中心等单位的大力支持，在此表示感谢！由于编写时间仓促和编者水平有限，书中难免有疏漏之处，敬请广大读者批评指正。

编　者

2021 年 1 月

目 录
Mulu

项目一 电子商务与物流新模式

任务一 认识"互联网+物流"

【任务展示】

自从"互联网＋物流"被纳入国家建设重点规划后,"互联网＋物流"便乘上了大众创业、万众创新的东风飞速发展着。国务院正积极推动互联网、大数据、云计算等信息技术与物流深度融合,推动物流业乃至中国经济的转型升级。"互联网＋物流"已成为我国未来物流业发展的大趋势。请你通过查阅资料,了解我国目前"互联网＋物流"的发展情况,并分组讨论互联网的发展对于物流产生了什么影响。

【任务培训】

培训要点1：什么是"互联网+"

"互联网＋"代表一种新的经济形态,即充分发挥互联网在生产要素配置中的优化和集成作用,将互联网的创新成果深度融合于经济社会各领域之中,提升实体经济的创新力和生产力,形成更广泛的以互联网为基础设施和实现工具的经济发展新形态。

培训要点2：什么是"互联网+物流"

"互联网＋物流"是利用信息技术、互联网平台,把互联网和传统物流结合起来,在新的领域创造一种新生态。其实质是改善物流企业的现状,促进传统的物流企业转型升级,为物流业创造价值。

培训要点3：传统物流与"互联网+物流"的区别

传统物流与"互联网＋物流"在物流服务理念、物流管理手段、物流服务内容、物流能级等四个方面存在较大的区别,具体如表1-1所示。

表1-1 传统物流与"互联网＋物流"的区别一览表

类型	物流服务理念	物流管理手段	物流服务内容	物流能级
传统物流	被动服务,以满足供方利益最大化为导向；企业倾向于"大而全,小而全"的经营模式	采用传统运作方式,运输工具和承载设备的标准化和规范不统一,管理装备和管理手段都较为原始	产业内部分工一般是水平的,各种运输方式之间以"孤岛"形式存在,服务内容较为单一	侧重点到点或线到线服务,无统一服务标准,服务能力和半径区域非常有限

续表

类型	物流服务理念	物流管理手段	物流服务内容	物流能级
"互联网＋物流"	主动服务,以满足客户需求为导向,物流服务的供给方和需求方之间由竞争关系转变为合作关系	实施信息管理,随着无线射频技术、全球定位系统、地理信息系统、电子数据交换、物联网、云计算等信息技术的不断发展,物流管理手段有了很大提高,极大地促进了"互联网＋物流"效率的提升	以解决客户需求为目的,整合运输、仓储、配送、加工、物流咨询等多种物流服务功能,同时辅之以信息、保险、融资、需求等物流相关领域的不断创新,物流服务内容得到了极大的丰富和拓展	实施标准化服务,物流需求时间与空间跨度不断加大的现实需求促使物流网络不断扩展和功能不断拓展,物流需求激增,跨区域、跨行业物流资源的整合能力强大;与第三产业及其子行业关联性显著增强,对资源整合和产业及区域竞争力提升发挥着重要作用

 【任务执行】

步骤 1:上网搜索目前"互联网＋物流"的发展情况

以小组合作的形式上网搜索"互联网＋物流"的发展情况,并将搜集的资料进行归纳,将汇总结果写在对应标题下面的横线上。

1. 国际上"互联网＋物流"的发展现状

_____

_____

_____

_____

2. 目前我国"互联网＋物流"的发展情况

_____

_____

_____

_____

3. "互联网＋物流"的发展趋势

_____

_____

_____

_____

步骤 2: 讨论"互联网+ 物流"对于物流企业产生何种影响
请分组讨论"互联网＋物流"对于物流企业产生了什么影响,并将讨论结果写在下面的横线上。

_____
_____
_____
_____
_____

步骤 3: 各组派一名代表上台进行分享
各组派一名代表上台将本组上网查找、整理的资料进行分享。

 【任务巩固】

请以小组为单位,利用课余时间,到当地一家物流企业开展调研,了解"互联网＋物流"对该物流企业产生了什么样的影响,最后写一份调研报告。

任务二　了解电子商务物流模式

 【任务展示】

随着企业主体的多元发展、经营模式不断创新以及服务能力的显著提升,电子商务物流已成为现代物流业的重要组成部分和推动国民经济发展的新动力。经济社会发展的新常态对电子商务物流提出了新要求。尤其是在互联网创新成果的深度融合与推动下,电子商务物流将站上更高的起点。请以小组为单位,通过查找资料,分析淘宝和京东的电商物流模式是什么,淘宝和京东电商物流模式的优缺点是什么。

 【任务培训】

培训要点 1: 电子商务物流有哪些模式
电子商务物流模式主要指以市场为导向、以满足客户要求为宗旨、获取系统总效益最优化的适应现代社会经济发展的物流模式,主要包括自营物流、物流联盟、第三方物流、第四方物流和物流一体化五种模式,如表 1-2 所示。

表 1-2　电子商务物流模式一览表

序号	电子商务物流模式	模 式 说 明
1	自营物流	所谓自营物流(自建物流),即企业自身投资建设物流的运输工具、储存仓库等基础硬件,经营管理企业的整个物流运作过程

续表

序号	电子商务物流模式	模 式 说 明
2	物流联盟	物流联盟是制造业、销售企业、物流企业基于正式的相互协议而建立的一种物流合作关系。参加联盟的企业汇集、交换或统一物流资源以谋取共同利益,同时合作企业仍保持各自的独立性
3	第三方物流	第三方物流(Third-Party Logistics,简称3PL或TPL)是指独立于买卖双方之外的专业化物流公司(如图1-1所示)。它们长期以契约的形式承接供应链上相邻组织委托的部分或全部物流功能,因地制宜地为特定企业提供个性化的全方位物流解决方案,实现特定企业的产品或劳务快捷地向市场移动,在信息共享的基础上,实现优势互补,从而降低物流成本,提高经济效益
4	第四方物流	第四方物流主要是指由咨询公司提供的物流咨询服务,但咨询公司并不等同于第四方物流公司
5	物流一体化	物流一体化是指以物流系统为核心,由生产企业、物流企业、销售企业,直至消费者的供应链整体化和系统化。它是在第三方物流的基础上发展起来的新型物流模式

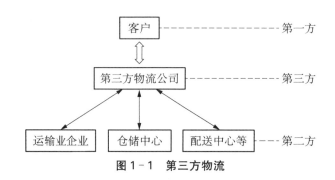

图1-1　第三方物流

培训要点2:不同电子商务物流模式的优劣

自营物流、物流联盟、第三方物流、第四方物流和物流一体化五种物流模式的优劣如表1-3所示。

表1-3　电子商务物流模式优劣一览表

模式	优势	劣势
自营物流	对物流环节有较强的控制能力,易于与其他环节密切配合,专门服务于本企业的运营管理,使企业的供应链更好地保持协调、简洁与稳定。此外,自营物流能够保证供货的准确和及时,保证顾客服务的质量,维护了企业和客户间的长期关系	投入非常大,建成后对规模的要求很高,大规模才能降低成本,否则将会长期处于无法盈利的境地。而且投资成本较大、时间较长,对于企业柔性有不利影响。自建庞大的物流体系,需要占用大量的流动资金,需要较强的物流管理能力

续表

模式	优势	劣势
第三方物流	有利于企业集中核心业务;能降低成本,减少资本积压,减少库存;提升企业形象;提高企业经营效率	第三方物流尚未成熟,容易受制于人。签订物流服务外购合同后,物流业务交由第三方物流公司打理,双方的力量对比因此发生了变化
物流联盟	对于电商企业来说资金投入不高,有助于企业学习建立自身完善的物流服务体系,物流服务的专业化程度较自营物流高,物流的可控性稍弱一些,较第三方物流客户关系的管理质量要好	人员储备不足,不够规范化的制度,物流资源的利用不合理,不充分。
第四方物流	有效降低企业物流成本,企业同样可以享受第三方物流的服务,通过第三方的平台时效性有保证	第四方物流无成本运作,难以取得客户信任;物流环节增多,运输风险变大
物流一体化	配送企业可以直接组织到货源及拥有产品支配权和所有权,可获得一定的资源优势	不利于实现物流配送活动的规模经营,不可避免地要受到销售的制约

 【任务执行】

步骤1:比较淘宝和京东两个电商平台的物流模式

通过查阅资料和分组讨论,请从物流模式、物流成本、时效、服务质量、用户体验等方面对淘宝和京东两个电商平台的物流模式进行对比,并填写表1-4。

表1-4 淘宝和京东电商平台物流模式对比一览表

比较项目 \ 平台	淘宝网 Taobao.com	JD.COM 京东
物流模式		
物流成本		
时效方面		
服务质量		
用户体验		
其他方面		

步骤 2：分析淘宝和京东的物流模式优缺点

分析淘宝和京东两个电商平台物流模式的优缺点，并填写表 1-5。

表 1-5　淘宝和京东物流模式优缺点对比

	优点	缺点
淘宝物流模式		
京东物流模式		

步骤 3：各组派一名代表上台进行分享

各组派一名代表上台将本组上网查找、整理的资料进行分享。

 【任务巩固】

请通过上网查阅资料，了解以下六家公司的电商物流模式，并填写表 1-6。

表 1-6　六家公司电商物流模式一览表

序号	公司 LOGO	公司名称	电商物流模式
1	JD.COM京东		
2	亚马逊 amazon.cn		
3	Haier 海尔		
4	当当网 dangdang.com 网上购物享当当		
5	苏宁易购 suning.com		
6	CAINIAO菜鸟		

任务三　走进电子商务物流企业

 【任务展示】

随着电子商务行业竞争的白热化,物流这个原本是电子商务中的瓶颈环节,已经成为电商巨头们决心突破并竭力打造的新的核心竞争力,甚至一度有人喊出"得物流者得天下"的口号。电商的火热带动了电商物流行业突飞猛进的发展,从而催生了一大批国内外知名的电商物流企业。请以小组为单位,上网查找三家国内知名电商物流企业和三家国外知名物流企业的资料,并填写表 1-9 和表 1-10。

 【任务培训】

培训要点 1: 什么是电商物流企业

电子商务物流企业,是指基于互联网技术,以旨在创造性地推动物流行业发展的新型物流公司。电子商务物流企业的业务经营范围更加广泛,可以为客户提供运输、货运代理、仓储、配送等多种物流服务项目,并能够为客户提供一类或积累产品契约性一体化物流服务。

培训要点 2: 国内有哪些知名电商物流企业

CNPP 品牌数据研究部门通过采用大数据、云计算等手段,整理得出 2021 中国物流企业排行榜。排行榜前十的企业名单如表 1-7 所示。在该榜单中,国内知名的电商物流企业顺丰速运、京东物流等公司都榜上有名。

表 1-7　2021 年中国物流企业前十名单

排名	企业名称	排名	企业名称
1	中远海运	6	中国储运
2	中国外运	7	德邦快递
3	顺丰速运	8	京东物流
4	中铁快运	9	嘉里物流
5	中邮物流	10	安能物流

培训要点 3: 国外有哪些知名电商物流企业

全球十大物流企业如表 1-8 所示,知名度较高的大型电商物流企业 UPS(联合包裹)和 FedEX(联邦快递)占据了前两名。

表 1-8　全球十大物流企业

序号	英文名称及标识	中文名称
1	UPS　We ship via UPS　UPS	美国联合包裹运送服务公司
2	FedEX　FedEx®	联邦快递公司
3	Deutsche Post World Net　Deutsche Post	德国邮政世界网
4	A. P. Moller-Maersk Group　MAERSK	马士基集团
5	Nippon Express　日本通運 NIPPON EXPRESS	日本通运公司
6	Ryder System　Ryder®	莱德系统
7	TNT Post Group　TNT	TNT 快递公司
8	Expeditors International　Expeditors®	康捷国际公司
9	Panalpina　PANALPINA on 6 continents	泛亚班拿
10	Exel　exel	英运物流

 【任务执行】

步骤 1：上网查找国内知名电商物流企业资料

通过上网搜索查询三家国内知名电商物流公司，并将搜索结果填入表 1-9。

表1-9 国内知名电商物流企业资料一览表

	公司1	公司2	公司3
中文名称			
公司性质(国企/民企/合资)			
总部地点			
成立时间			
当年营业收入			
业务范围			
公司理念			
服务特色			

步骤2：上网查找国外知名电商物流企业资料

通过上网搜索查询三家国外知名电商物流公司，并将搜索结果填入表1-10。

表1-10 国外知名电商物流企业资料一览表

	公司1	公司2	公司3
英文名称			
中文名称			
公司创始人			
所属国家			
总部地点			
成立时间			
当年营业收入			
业务范围			
公司理念			
服务特色			

步骤3：各组派一名代表上台进行分享

各组派一名代表上台将本组上网查找、整理的资料进行分享。

 【任务巩固】

以小组为单位，通过上网收集一家电子商务物流企业的详细资料，制作成PPT演示文稿。小组推选出一位代表，在课堂上进行展示解说。

任务四 走近电子商务物流岗位

【任务展示】

请以小组为单位,通过上网搜索或到人才市场进行调查,了解至少 4 个电子商务物流岗位的相关具体要求(如:岗位名称、岗位职责、任职要求、薪资待遇等),并完成表 1-11。

表 1-11 电商物流岗位调研登记表

序号	岗位名称	岗位职责	任职要求	薪资待遇
1				
2				
3				
4				

【任务培训】

培训要点 1:物流电商企业的组织结构类型

企业组织结构是企业组织内部各个有机构成要素相互作用的联系方式或形式,以求有效、合理地把企业成员组织起来,为实现共同目标而协同努力。常见的物流电商企业的组织结构主要有直线型、职能型、直线—职能型、事业部型(如图 1-2)等,其定义、优缺点具体如表 1-12 所示。

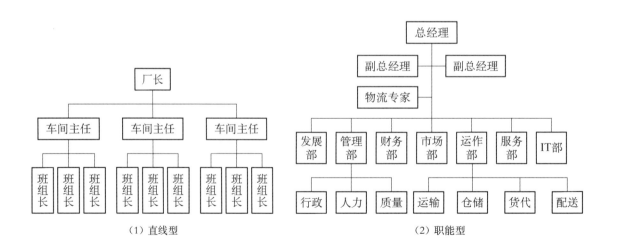

(1)直线型　　　　　　　　　　　　　(2)职能型

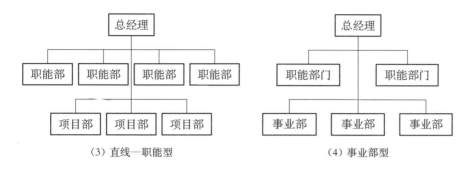

（3）直线—职能型　　　　　　　　（4）事业部型

图1-2　主要组织结构图

表1-12　物流电商企业的组织结构

组织结构	特　征
直线型	直线型组织结构是一种最早也是最简单的组织形式。企业各级行政单位从上到下实行垂直领导,下属部门只接受一个上级的指令。 优点:结构比较简单,责任分明,命令统一。 缺点:它要求行政负责人通晓多种知识和技能,亲自处理各种业务
职能型	职能型组织结构,是各级行政单位除主管负责人外,还相应地设有一些职能机构。 优点:管理工作比较精细的特点;能充分发挥职能机构的专业管理作用,减轻直线领导人员的工作负担。 缺点:妨碍了必要的集中领导和统一指挥,形成了多头领导;不利于建立和健全各级行政负责人和职能科室的责任制
直线—职能型	这是在直线型和职能型的基础上,取长补短,吸取这两种形式的优点而建立起来的。 说明:既保证了企业管理体系的集中统一,又可以在各级行政负责人的领导下,充分发挥各专业管理机构的作用。 缺点:职能部门之间的协作和配合性较差,加重了上层领导的工作负担;造成办事效率低
事业部型	这是一种高度(层)集权下的分权管理体制。它适用于规模庞大、品种繁多、技术复杂的大型企业,是国外较大的联合公司所采用的一种组织形式,近几年中国一些大型企业集团或公司也引进了这种组织结构形式。 优点:具有高度的稳定性和适应性;便于考核及培养人才;有利于发挥积极性和创造性;事业部之间自主经营,责任明确,增进企业活力,促进企业全面发展。 缺点:由于各事业部利益的独立性,容易滋长本位主义;一定程度上增加了费用开支;对公司总部的管理工作要求较高,否则容易失控

培训要点2:电子商务物流岗位的职责

电子商务物流岗位的职责具体如表1-13所示。

表 1-13 电子商务物流岗位的职责一览表

物流岗位	主 要 职 责
电商物流经理	(1) 负责部门日常物流管理工作,包括运输、配送、车辆管理等; (2) 制定和执行物流工作计划,对物流工作规范进行总结和完善; (3) 建立物流体系职责与管理标准; (4) 控制送货和仓储成本; (5) 参与制定与控制部门物流运作预算; (6) 制定物流解决方案,提升客户满意度; (7) 定期汇总上报各项物流管理报表; (8) 负责所在部门人员的考核、培训工作
电商仓储主管	(1) 保障公司物料安全、准确和按相应需求及时供应组织公司物料调配、调度,降低库存,提高公司货物使用效率,降低货物保管成本; (2) 管理仓库运作团队,确保收货、包装、发货等流程按时、准确顺利; (3) 执行和完善仓库的规章制度、规范作业标准及流程,提高效率,降低成本; (4) 科学管理库存,提出改进方案,保证仓库使用率最大化及成本控制; (5) 有效配合公司整体业务运作需求; (6) 监督执行盘点工作和结果分析,并提出改进方案; (7) 对承运商的协同管理
电商仓储专员	(1) 执行库存管理流程、改进互联网销售库存管理方法,减少出错率; (2) 主管电商所有销售平台,订单正常出货;包括打单、核单、包货,保证当天订单的正常出库及售后包裹的处理工作安排协调; (3) 仓库货品出入库,检查监督出、入库手续:入库货品的及时登记、清点、核对,账物不符的及时查明原因。当天完成,不得拖延; (4) 负责仓库物料货品码放整齐,散货上架,物料货品标识醒目准确,各类物料货品分区、分类、分架摆放,不上架的物料货品做到码放整齐、合理、有序,有数量层次,既显整洁又便于清点核对; (5) 提供全面的库存分析报告,评估库存管理状态,提高电商库存管理水平; (6) 定期与仓库核对数据并安排盘点,保证系统与实物的一致性; (7) 完成上级交办的其他工作
电商物流客服	(1) 负责现有客户的日常维护,及时给客户反馈货物跟踪信息,准确地回复客户每天咨询的问题,帮助客户解决难题; (2) 协调公司与客户之间的关系,提高客户满意度; (3) 客户发货相关文件整理,如:申报清单、预报等; (4) 完成公司交办的其他任务
电商物流单证员	(1) 收、发、制作订单; (2) 协调仓库发货事宜、协调客户收货; (3) 及时回复客户和公司销售人员有关货物进展与产品相关知识的询问; (4) 货物信息的传达:新品通知、到货情况、库存情况和变更及时通知给公司其他业务部门; (5) 完成上级交办的其他工作事项

【任务执行】

步骤1：搜索电子商务物流岗位的相关资料

以小组为单位，通过登录前程无忧网(www.51job.com)或中华英才网(www.chinahr.com)搜索电子商务物流岗位的相关资料，并完成表1-14。

表1-14　电商物流岗位调研登记表

序号	岗位名称	岗位职责	任职要求	薪资待遇
1				
2				
3				
4				

步骤2：各组派一名代表上台进行分享

各组派一名代表上台将本组上网查找、整理的资料进行分享。

【任务巩固】

假如毕业后，你打算从事电商物流行业，应聘某电商企业的物流相关岗位，请结合岗位任职要求，对比自身能力，看看你应该从哪些方面做出努力，并将结果填入表1-15。

表1-15　任职要求与自身能力对比表

你应聘的岗位名称：		
任职要求	自身能力	提升措施

项目二 移动电子商务网站建设

任务一 了解知名电子商务平台

 【任务展示】

目前,电子商务正以前所未有的速度快速发展,电子商务的发展大大加大了对专业人才的需求。但是以往由于学校培养的人才与电子商务实际需求差异较大,使得学校培养的电子商务专业毕业生就业率并不高。当前经济形势下,国家政策开始鼓励毕业生自主创业,电子商务网店创业已经成为越来越认可的一种创业方式。如果要在网上创业,如何选择一家流量高、成本低的电商平台呢? 要先对各个知名的电子商务网站有一个全面的认识,通过对比分析,根据不同的需要和产品的特性选择合适的电商平台,从而增加创业成功的机会。请以小组为单位,登录淘宝网、天猫商城、京东商城、苏宁易购、唯品会、当当网、一号店、蘑菇街、聚美优品、亚马逊中国等网站,了解这些知名的电商平台。

 【任务培训】

培训要点1: 什么是电子商务平台

电子商务平台是指为企业或个人提供网上交易洽谈的平台。企业电子商务平台是建立在互联网上进行商务活动的虚拟网络空间和保障商务顺利运营的管理环境,是协调、整合信息流、货物流、资金流有序、关联、高效流动的重要场所。企业、商家可充分利用电子商务平台提供的网络基础设施、支付平台、安全平台、管理平台等共享资源有效地、低成本地开展自己的商业活动。

培训要点 2: 中国知名电商平台有哪些

截至 2021 年 1 月,阿里巴巴年度活跃消费者达到 7.42 亿;拼多多年度活跃消费者达到6.832亿;京东年度活跃用户总数达到 4.174 亿。中国电子商务平台排名前十的分别是:天猫商城(tmall. com)、淘宝(taobao. com)、京东商城(jd. com)、阿里巴巴(1688. com)、华为商城(vmall. com)、小红书(xiaohongshu. com)、网易严选(you. 163. com)、拼多多(pinduoduo. com)、唯品会(vip. com)、苏宁易购(suning. com)。

【任务执行】

步骤1：了解淘宝网

淘宝网(www.taobao.com)成立于2003年,致力打造中国消费者首选的企业交易平台。发展至今,淘宝网已是深受人们欢迎的网购零售平台,拥有近五亿的注册用户数,每天有超过6 000万的固定访客,同时每天的在线商品数已经超过了8亿件,平均每分钟售出4.8万件商品。淘宝网单日交易额峰值达到43.8亿元,创造几百万直接且充分的就业机会。随着淘宝网规模的扩大和用户数量的增加,淘宝网也从单一的C2C网络集市变成了包括C2C、团购、分销、拍卖等多种电子商务模式在内的综合性零售商圈,目前已经成为世界范围的电子商务交易平台之一。近期的网站首页如图2-1所示。

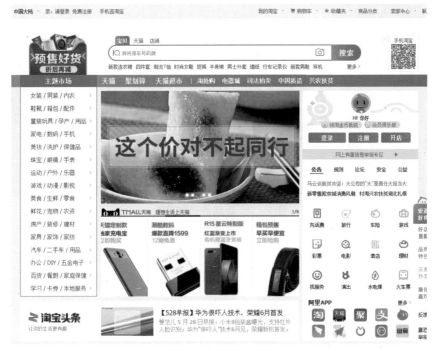

图2-1　淘宝网首页

步骤2：了解天猫商城

天猫(tmall.com,亦称天猫商城)原名淘宝商城,是一个综合性购物网站。2012年1月11日上午,淘宝商城正式宣布更名为"天猫"。2012年3月29日天猫发布全新Logo形象。2012年11月11日,天猫借"光棍节"大赚一笔,宣称13小时卖出100亿商品,创造了世界纪录。天猫是马云继淘宝网后全新打造的B2C(Business-to-Consumer,商业零售),它整合了数千家品牌商、生产商,为商家和消费者之间提供一站式解决方案。网站提供100%品质保证的商品,7天无理由退换货的售后服务,以及购物积分返现等优质服务。2014年2月19日,阿里集团宣布天猫国际正式上线,为国内消费者直供海外原装进口商品。2021年11月11日天猫"双11"再次刷新全球最大购物日记录,单日交易额达5 403亿元。

天猫是淘宝网打造的再现。自 2008 年 4 月 10 日建立淘宝商城以来,众多品牌包括 Kappa、Levi's、Esprit、Jackjones、乐扣乐扣、六防、苏泊尔、联想、惠普、迪士尼、优衣库等在天猫都开设了官方旗舰店,受到了消费者的热烈欢迎。迄今为止,天猫已经拥有 4 亿多用户,5 万多家商户,7 万多个品牌,近期的网站首页如图 2 - 2 所示。

图 2 - 2　近期的天猫首页

步骤 3：了解京东商城

京东(jd. com)是专业的综合网上购物商城,销售数万品牌的 4 020 万种商品,囊括家电、手机、电脑、母婴、服装等十三大品类。秉承客户为先的理念,京东所售商品为正品行货,提供全国联保服务、机打发票。

京东是综合的网络零售商,是中国电子商务领域受消费者欢迎和具有影响力的电子商务网站之一。京东在 2012 年的中国自营 B2C 市场占据 49% 的份额,凭借全供应链继续扩大在中国电子商务市场的优势。京东已经建立华北、华东、华南、西南、华中、东北六大物流中心,同时在全国超过 360 个城市建立核心城市配送站。2012 年 8 月 14 日,京东与苏宁易购开打"史上最惨烈价格战"。2013 年 3 月 30 日 19 点整正式切换了域名,并且更换了新的 logo,近期的网站首页如图 2 - 3 所示。

步骤 4：了解苏宁易购

苏宁易购(suning. com)是苏宁云商集团股份有限公司旗下新一代 B2C 网上购物平台,现已覆盖传统家电、3C 电器、日用百货等品类。2011 年,苏宁易购强化虚拟网络与实体店面的同步发展,不断提升网络市场份额。接下来几年,苏宁易购依托强大的物流、售后服务及信息化支持,继续保持快速的发展步伐;到 2020 年,苏宁易购计划实现 3 000 亿元的销售规模,成为中国领先的 B2C 平台之一,目前位居中国 B2C 市场份额前三强。企业总部位于南京。2015

图 2-3 近期的京东商城首页

年 8 月 17 日苏宁易购正式入驻天猫。

苏宁云商网上商城于 2009 年 8 月 18 日全新升级,此次改版整合了全球顶级的资源优势,并携手 IBM 联手打造新一代的系统,建立了一个集购买、学习、交流于一体的社区,全面打造出一个专业的家电购物与咨询的网站,旨在成为中国 B2C 市场最大的专业销售 3C、空调、彩电、冰洗、生活电器、家居用品的网购平台,并正式更名为苏宁易购,近期的网站首页如图 2-4 所示。

步骤 5:了解唯品会

唯品会(vip. com)成立于 2008 年 8 月,总部设在广州,旗下网站于同年 12 月 8 日上线。唯品会主营业务为互联网在线销售品牌折扣商品,涵盖名品服饰鞋包、美妆、母婴、居家等各大品类。2012 年 3 月 23 日,唯品会在美国纽约证券交易所(NYSE)上市。截至 2017 年 3 月 31 日,唯品会已连续 18 个季度实现盈利。目前唯品会已成为中国知名电商之一。唯品会在美国零售行业杂志 *Stores* 联合德勤发布的"2017 全球 250 强零售商排行榜"中,蝉联"全球增速最快的顶尖零售商"。在 BrandZ™ 发布的"2017 年最具价值中国品牌 100 强"中,唯品会排名第 40 位,并获"最佳新晋中国品牌"称号。

唯品会在中国开创了"名牌折扣 + 限时抢购 + 正品保障"的创新电商模式,并持续深化为"精选品牌 + 深度折扣 + 限时抢购"的正品特卖模式。这一模式被形象地誉为"线上奥特莱

图 2-4　近期的苏宁易购首页

斯"。唯品会每天早上 10 点和晚上 8 点准时上线 200 多个正品品牌特卖,以最低至 1 折的折扣实行 3 天限时抢购,为消费者带来高性价比的"网上逛街"的购物体验,近期的网站首页如图 2-5 所示。

步骤 6：了解当当网

当当网(dangdang.com)是知名的综合性网上购物商城,由国内著名出版机构科文公司、美国老虎基金、美国 IDG 集团、卢森堡剑桥集团、亚洲创业投资基金(原名软银中国创业基金)共同投资成立。

从 1999 年 11 月网站正式开通至今,当当已从早期的网上卖书拓展到网上售卖各品类百货,包括图书音像、美妆、家居、母婴、服装和 3C 数码等几十个大类、数百万种商品。物流方面,当当网在全国 600 个城市实现"111 全天达",在 1 200 多个区县实现了次日达,货到付款方面覆盖全国 2 700 个区县。

当当网于美国时间 2010 年 12 月 8 日在纽约证券交易所正式挂牌上市,成为中国第一家完全基于线上业务、在美国上市的 B2C 网上商城。

2016 年 5 月 28 日,当当宣布与当当控股有限公司签署最终的合并协议与计划。2016 年

图 2-5　近期的唯品会首页

9月12日,当当网股东投票批准了该私有化协议。当当网从纽交所退市,变成一家私人控股企业,近期的网站首页如图2-6所示。

步骤7:了解1号店

1号店(yhd. com)也是一家电子商务型网站。2008年7月11日,"1号店"正式上线,开创了中国电子商务行业"网上超市"的先河。公司独立研发出多套具有国际领先水平的电子商务管理系统并拥有多项专利和软件著作权,并在系统平台、采购、仓储、配送和客户关系管理等方面大力投入,打造自身的核心竞争力,以确保高质量的商品能低成本、快速度、高效率地流通,让顾客充分享受全新的生活方式和实惠方便的购物。

2016年6月,京东商城宣布与沃尔玛达成深度战略合作。作为合作的一部分,沃尔玛旗下1号店将并入京东商城。

2008年7月,1号店网站正式上线。自成立以来,1号店持续保持高速的增长势头,2013年实现了115.4亿元的销售业绩。1号店已成为国内最大的B2C食品电商。1号店可销售商

图 2-6　近期的当当网首页

品已达 340 万种,覆盖了食品饮料、生鲜、进口食品、美容护理、服饰鞋靴、厨卫清洁用品、母婴用品、数码手机、家居用品、家电、保健器械、电脑办公、箱包珠宝手表、运动户外、礼品等十四个品类,近期的网站首页如图 2-7 所示。

步骤 8：了解蘑菇街

蘑菇街(www.mogujie.com)是专注于服务时尚女性消费者的电子商务网站,为顾客提供衣服、鞋子、箱包、配饰和美妆等领域适合年轻女性的商品,蘑菇街 APP 也成为时尚女性乐于使用和互相分享的必备 APP。

蘑菇街旨在做一家高科技、轻时尚的互联网公司,公司的核心宗旨就是购物与社区的相互结合,为更多消费者提供有效的购物决策建议。

蘑菇街从导购平台转型为社会化电商平台后,从 2013 年 11 月开始的仅仅两个月,就交出了单月 1.2 亿元的成绩单。2016 年 6 月 15 日,在美丽说、蘑菇街、淘世界合并数月之后,公司正式宣布新集团为美丽联合集团,近期的网站首页如图 2-8 所示。

图 2-7　近期的 1 号店首页

图 2-8　近期的"蘑菇街"首页

步骤 9：了解聚美优品

聚美优品（www.jumei.com）是一家化妆品限时特卖网上商城，其前身为团美网，由陈欧、戴雨森等于 2010 年 3 月创立。聚美优品首创"化妆品团购"模式：每天在网站推荐十几款热门化妆品。2010 年 9 月，团美网正式全面启用"聚美优品"新品牌，并且启用全新域名。

2014 年 5 月 16 日晚间，聚美优品在纽交所正式挂牌上市，股票代码为"JMEI"。2014 年 6 月，聚美优品低调上线海淘网站"海外购"，9 月，聚美优品全面发力海外购，并在首页开通独立频道。

聚美优品作为首家化妆品电商一直坚持以用户体验为核心，例如聚美优品开创官方旗舰店入驻的形式，先后吸引了欧莱雅、高丝、资生堂、谜尚等国际知名美妆大牌的抢先入驻，迎来了新一轮的急速扩张。这类官方授权 B2C 旗舰店的出现，可以加强消费者对网购的信任度，也有助于提升用户体验及服务体验，近期的网站首页如图 2-9 所示。

图 2-9　近期的聚美优品首页

步骤 10：了解亚马逊中国

亚马逊公司（www.amazon.cn）是一家财富 500 强公司，总部位于美国华盛顿州的西雅图。它创立于 1995 年，目前已成为全球商品品种最多的网上零售商和全球第三大互联网公司，在公司名下，也包括了 Alexa Internet、a9、lab126、和互联网电影数据库（Internet Movie Database，IMDB）等子公司。亚马逊及其他入驻销售商为客户提供数百万种独特的全新、翻新及二手商品，如：图书、影视、音乐和游戏、数码下载、电子和电脑、家居园艺用品、玩具、婴幼儿用品、食品、服饰、鞋类和珠宝、健康和个人护理用品、体育及户外用品、玩具、汽车及工业产品等。2004 年 8 月亚马逊全资收购卓越网，使亚马逊全球领先的网上零售专长与卓越网深厚的中国市场经验相结合,进一步提升客户体验,并促进中国电子商务的成长。至今已经成为中国网上零售的领先者,近期的网站首页如图2-10所示。

图2-10 近期的亚马逊中国首页

【任务巩固】

训练任务:了解不同的电商平台

五位同学一组,分别登录蜜芽、拼多多、微店、有赞微商城等电子商务网站,了解这些电商平台。

图2-11 知名电子商务平台

任务二 体验电商运营模式

 【任务展示】

随着我国"一带一路"重大建设项目的逐步实施、经济全球化和分工国际化的进一步深入,电子商务的发展迎来难得的历史机遇,国内不少中小企业纷纷正式进军电子商务产业。然而,中小企业想要真正做好电子商务运营,并实现盈利却并非易事。那么,请思考一下,想要实现盈利的中小企业应当选用哪种电子商务模式呢?

 【任务培训】

培训要点1: 什么是电子商务

狭义的电子商务是指仅通过 Internet 网络进行的商业活动,亦是指人们利用电子化手段进行以商品交换为中心的各种商务活动,是公司、厂家、商业企业、工业企业与消费者个人之间的交易,是双方或各方利用计算机网络进行的商务活动,也可称为电子交易。

广义的电子商务是指交易当事人或参与人利用计算机技术和网络技术(主要是互联网)等现代信息技术所进行的各类商务活动,包括货物贸易、服务贸易和知识产权贸易,即广义的电子商务涵盖了利用 Internet、Intranet、LAN 等各种不同形式的网络在内的一切计算机技术所进行的商贸活动。

同时可通过以下四个方面来理解电子商务的内涵,即:

(1)电子商务是一种采用先进信息技术的买卖方式;

(2)电子商务实质上形成了一个虚拟的交易场所;

(3)电子商务是"现代信息技术"和"商务"两个子集的交集;

(4)电子商务不等于商务电子化。

培训要点2: 电子商务的基本组成

电子商务的基本组成要素有:网络、用户、认证中心(CA)、物流配送、网上银行、商家等,如图 2 - 12 所示。

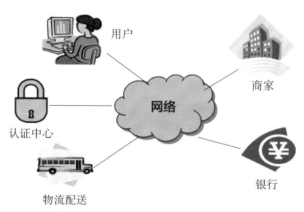

图 2 - 12 电子商务的基本组成示意图

1. 网络

网络包括 Internet、Intranet、Extranet。Internet 是电子商务的基础,是商务、业务信息传送的载体;Intranet 是企业内部商务活动的场所;Extranet 是企业与企业以及企业与个人进行商务活动的纽带。

2. 用户

电子商务用户可以分为个人用户和企业用户。

3. 认证中心(CA)

认证中心(CA)是受法律承认的权威机构,负责发放和管理数字证书,使网上交易的各方能互相确认身份。数字证书则是一个包含证书持有人、个人信息、公开密钥、证书序号、有效期、发证单位的电子签名等内容的数字文件。

4. 物流配送

接受商家的送货要求,组织运送无法从网上直接得到的商品,跟踪产品的流向,将商品送到消费者手中。

培训要点 3:电子商务运营模式

电子商务运营模式是指企业运用互联网开展经营并取得营业收入的基本方式,也就是指在网络环境中基于一定技术基础的商务运作方式和盈利模式。目前,常见的电子商务模式主要有 B2B、B2C、B2G、F2C、C2B、C2C、O2O 等。

 【任务执行】

步骤 1:了解 B2B 模式

B2B(Business to Business)是指商家与商家建立的商业关系。B2B 中的两个"B"均代表"Business",也就是"商业","2"则是英文"to"的谐音。一般来说,我们把 B2B 按照英文的读音"B-to-B"来念,"2"不采用中文发音。

B2B 模式是电子商务中历史最长、发展最完善的商业模式,能迅速地带来利润和回报。它的利润来源于相对低廉的信息成本带来的各种费用的下降,以及供应链和价值链整合的好处。它的贸易金额是消费者直接购买的 10 倍。企业间的电子商务成为电子商务的重头。它的用户有通过 EDI(电子数据交换)网络连接会员的行业组织,基于业务链的跨行业交易集成组织,网上及时采购和供应营运商。

B2B 电子商务模式主要有降低采购成本、降低库存成本、节省周转时间、扩大市场机会等优势,目前常见的 B2B 运营模式主要有垂直 B2B(上游和下游,可以形成销货关系)、水平 B2B(将行业中相近的交易过程集中)、自建 B2B(行业龙头运用自身优势串联整条产业链)、关联行业的 B2B(整合综合 B2B 模式和垂直 B2B 模式的跨行业 EC 平台)。B2B 的主要盈利模式有:会员收费、广告费用、竞价排名费用、增值服务费、线下服务费、商务合作推广、按询盘付费等。B2B 模式的代表企业有阿里巴巴、中国制造网和 58 同城等。

步骤 2:了解 B2C 模式

B2C(Business to Consumer)就是我们经常看到的供应商直接把商品卖给用户,即"商对客"模式,也就是通常说的商业零售,直接面向消费者销售产品和服务。例如你去麦当劳吃东西就是 B2C,因为你只是一个顾客。B2C 的代表平台有:天猫商城、苏宁易购、京东商城、当当网、亚马逊中国等。

B2C 网站类型主要有综合商城(产品丰富的传统商城 EC 化)、百货商店(自有库存,销售商品)、垂直商店(满足某种特定的需求)、复合品牌店(传统品牌商的复合)、服务型网店(无形商品的交易)、导购引擎型(趣味购物、便利购物)、在线商品定制型(个性化服务、个性化需求)等。B2C 的盈利模式主要有服务费、会员费、销售费、推广费等。

步骤 3：C2B 模式

C2B(Customer to Business)，比较本土的说法是要约，由客户发布自己需要什么东西、要求的价格是什么，然后由商家来决定是否接受客户的要约。假如商家接受客户的要约，那么交易成功；假如商家不接受客户的要约，那么就是交易失败。C2B 模式的核心，是通过聚合分布分散但数量庞大的用户形成一个强大的采购集团，以此来改变 B2C 模式中用户一对一出价的弱势地位，使之享受到以大批发商的价格购买单件商品的利益。例如：U-deals、当家物业联盟等。

C2B 模式的一般运行机制是需求动议的发起、消费者群体自觉聚集、消费者群体内部审议、制定出明确的需求计划、根据需求选择合适的核心商家或者企业群体、展开集体议价谈判、进行联合购买、消费者群体对结果进行分配、消费者群体对于本次交易结果的评价以及消费者群体解散或者对抗。

步骤 4：C2C 模式

C2C 即消费者与消费者之间的电子商务(Consumer to Consumer)。C2C 商务平台就是通过为买卖双方提供一个在线交易平台，使卖方可以主动提供商品上网拍卖，而买方可以自行选择商品进行竞价。代表平台有：淘宝网、拍拍、易趣等。

C2C 的主要盈利模式有会员费、交易提成费、广告费用、排名竞价费用、支付环节费用等。C2C 的一般运作流程是：卖方将欲卖的产品发布在知名的 C2C 平台上，买方通过在网上浏览产品详情、查看卖方的信用度后选择欲购买的产品，透过管理交易的平台分别完成资料记录、买方与卖方进行收付款交易、借助网站的物流运送机制将货品送达买方。

步骤 5：O2O 模式

O2O(Online to Offline)将线下商务的机会与互联网结合在了一起，让互联网成为线下交易的前台。这样线下服务就可以利用线上来揽客，消费者可以用线上平台来筛选服务，成交也可以在线结算，很快达到规模。该模式最重要的特点是：推广效果可查，每笔交易可跟踪。O2O 模式的优势有：充分挖掘线下资源、消费行为更易于统计、服务方便、优势集中、促使电子商务朝多元化方向发展。O2O 把网上和网下的优势完美结合；通过网络导购，把互联网与实体店完美对接，实现互联网落地。让消费者在享受线上优惠价格的同时，又可享受线下贴身的服务。同时，O2O 模式还可实现不同商家的联盟。

步骤 6：B2G 模式

B2G(Business to Government)是新近才出现的电子商务模式，即"商家到政府"，它的概念是商业和政府机关能使用中央网站来交换数据并开展交易，这要比他们通常利用网络更加有效。举例来说，一个提供 B2G 服务的网站可以提供一个单一地方的业务，为一级或多级政府(城市，州或省，甚至国家等)来定位应用程序和税款格式；提供文书传送和付款的能力；更新企业的信息；请求回答特定的问题等。

B2G 也可能包括电子采购服务，商家通过它可以了解代理处的购买需求并且给予代理处请求提议的回应。B2G 也可能支持虚拟工作间，在这里，商家和代理可以通过共享一个公共平台来协调已签约工程的工作，协调在线会议，回顾计划并管理进发展。B2G 也可能包括在线应用软件和数据库设计的租赁，让其为政府机关所使用。B2G 模式即企业与政府之间通过网络所进行的交易活动的运作模式，比如电子通关、电子报税等。

【任务巩固】

训练任务 1：了解淘宝网的运营模式

登录淘宝网（www. taobao. com），从淘宝网上购买一些日常用品，了解淘宝网的服务和运营方式。

训练任务 2：了解天猫的运营模式

登录天猫（www. tmall. com），从天猫上购买一些日常用品，了解天猫的服务和运营方式。

训练任务 3：了解阿里巴巴的运营模式

登录阿里巴巴（www. 1688. com），从阿里巴巴上购买一些日常用品，了解阿里巴巴的服务和运营方式。

任务三　创建电子商务网店

【任务展示】

晋职光速商城因开拓业务需要，要在淘宝网上开设一个店铺来销售产品，作为光速商城的一名电商专员，请你注册一个淘宝账号和支付宝账号，并在淘宝上创建电子商务网店。

【任务培训】

培训要点 1：创建网店的硬件准备

1. 电脑

电脑在价格方面的要求不用太高，购买现在市场上 3 000 元左右的主流配置台式电脑或笔记本电脑就可以了，例如图 2-13 所示台式电脑即可。

2. 路由器

电脑必须要有上网功能，最好还要有 WiFi（即无线网络），要买个路由器，安装 WiFi 的主要目的是为了让智能手机可以不用流量也能随时上网，如图 2-14 所示。

图 2-13　台式电脑

图 2-14　具有 Wifi 功能的路由器

3. 智能手机

最好配备 iOS 系统或者安卓系统的手机，主要的作用是要登录移动版的旺旺，旺旺是淘宝网上的常用聊天工具,要做到能够及时回复客户的问题,做到不丢失任何一个客户,智能手机如图 2 - 15 所示。

iOS系统手机

安卓系统手机

图 2 - 15　智能手机

图 2 - 16　佳能 70D 相机及镜头

4. 数码相机

数码相机的主要功能是为了给产品拍照,或者是帮模特拍照,开一家淘宝店,需要展示尽可能多的产品照片,以供客户了解产品详情。条件允许的话,可以购买单反相机,拍出来的照片效果会更好。比如入门级相机——佳能 70D,还可以配上 18—135 mm f/3.5—5.6 IS 的镜头,这类镜头基本可以满足拍摄的需要,例如图 2 - 16 所示的相机即可。

培训要点 2:创建网店的"软件"准备

要想成功开设一家网店并顺利地经营,除了硬件的准备以外,"软件"的准备也是必不可少的。

1. 掌握相关知识

开网店首先要具备一些最基本的网络知识,除此之外,还要懂得一些拍摄产品的摄影技巧,尤其是灯光、色彩和构图方面的知识。

2. 了解产品情况

另外,你对自己所经营的产品需要有一定的了解,如:产品的卖点、功能、款式、尺码、色彩、维护和使用等内容。多掌握一些业务知识,能够更好地与客户沟通,店铺也就有了长期客源。

3. 调整自身心态

更重要的是,你调整好自己的心态了吗?在淘宝网上开店并不是开起来就能成功,也许开张后经营状况与想象中有较大差距,会遇到很多挫折。开店前要仔细分析,失败的挫折自己能否承受,是不是已经做好了接受打击的准备等。只有把各方面的困难都想到了,有了应对最差结果的心理准备,才能在遇到危机时坦然渡过难关。

【任务执行】

步骤 1:注册淘宝网账号

注册淘宝网账号前需要作以下准备:一个邮箱账号、一个有效手机号码、纸和笔(方便记下账号密码信息）。

通过 IE 浏览器打开淘宝官网（http://www.taobao.com），点击宝贝搜索栏左上方的"免费注册"，如图 2-17 所示。

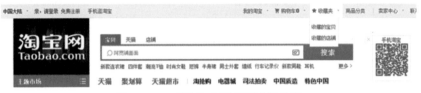

图 2-17　登录淘宝网首页进行注册

进入"免费注册"页面后，会自动弹出"注册协议"，点击"同意协议"，如图 2-18 所示。

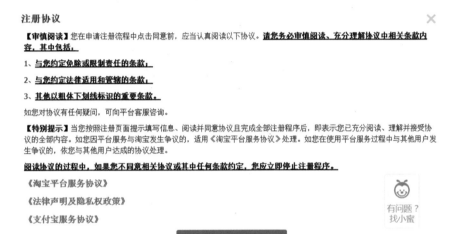

图 2-18　注册页面

点击"同意协议"后进入注册界面，输入你的手机号码，把滑块拖动到最右边完成验证。如果注册对象是企业的话，点击"切换成企业账户注册"，本书只介绍个人账户注册，如图 2-19 所示。

图 2-19　设置用户名页面

进入填写账户信息页面,填写账户信息,设置登录密码、拟定一个会员名(会员名建议使用中文,使用英文后面会出现繁琐的验证程序),如图 2-20 所示。

图 2-20 填写账户信息页面

进入设置支付方式页面后,填写你的真实姓名、银行卡号、身份证号和手机号码,完成支付方式的设置,如图 2-21 所示。

图 2-21 设置支付方式页面

注册好淘宝网账号之后我们可以使用账号去购物、开淘宝网店等,不过开通淘宝网店铺仍需要进行更多的认证操作,如图 2-22 所示。

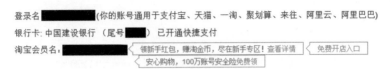

恭喜注册成功，你的账户为：

登录名 ▉▉▉▉▉▉ (你的账号通用于支付宝、天猫、一淘、聚划算、来往、阿里云、阿里巴巴)

银行卡：中国建设银行 （尾号 ▉▉▉ ）已开通快捷支付

淘宝会员名：▉▉▉▉▉　领新手红包，赚淘金币，尽在新手专区！查看详情　免费开店入口

安心购物，100万账号安全险免费领

图 2-22　注册成功页面

步骤 2：注册支付宝账号

完成淘宝账号注册操作之后，我们就需要对支付宝账号进行实名认证的操作，因为只有通过实名认证的账号才能用来开淘宝网店，以及使用支付宝余额支付等功能。其中支付宝账号实名认证分企业认证和个人认证两种类型。

一、实名认证需准备材料

（1）个人支付宝实名认证需要准备的资料有：个人身份证、银行卡、有效手机号码。

（2）企业支付宝认证需要准备的资料有：单位营业执照彩色扫描件或数码照片；组织机构代码证彩色扫描件或数码照片；对公银行账户（基本账户、一般账户均可）；法定代表人的身份证彩色扫描件或数码照片；若为代理人（即法人以外的公司代表）申请认证，需额外提供以下两项材料；代理人的身份证彩色扫描件或数码照片；委托书，委托书上必须盖有单位公章或财务专用章（合同专用章、业务专用章等无效）。

二、个人支付宝实名认证操作步骤

（1）登录支付宝页面（http：//www.alipay.com），注册淘宝网账号的手机号码或者邮箱账号就是支付宝的账号，支付宝登录密码与淘宝网账号的登录密码是一致的，如图 2-23 所示。

图 2-23　支付宝首页

（2）登录支付宝账号之后，支付宝页面会自动转跳到实名认证资料填写页面（如果需要做企业实名认证，选择企业账号认证即可），如图 2-24 所示。

设置登录密码　登录时需验证，保护账户信息

登录密码　[   ]

再输入一次　[   ]

设置支付密码　交易付款或账户信息更改时需输入（不能与淘宝或支付宝登录密码相同）

支付密码　[   ]

再输入一次　[   ]

图 2-24　支付宝注册页面

（3）设置好支付密码以及个人身份证信息。（注意：支付宝实名认证有三种类型分别为：个人账号、企业账号、海外个人账号，本书以个人账号的实名认证为例），如图 2-25 所示。

图 2-25　设置支付宝身份信息页面

（4）设置好支付宝和身份信息后,点击"确定"后,还需要用户填写银行卡卡号点击"同意协议并确定",如图 2-26 所示。

图 2-26　设置支付宝支付方式页面

（5）填写完银行卡信息之后的下一步就是上传身份证证件信息了,上传完之后即可完成支付宝实名认证,实名认证之后的账号就具有了开店、银行卡快捷支付以及支付宝余额支付等功能。

步骤 3：淘宝网开店认证

（1）进入淘宝网首页(http://www. taobao. com),登录淘宝会员账号,在右上方依次点击"卖家中心"→"免费开店"→"输入淘宝会员账号",如图 2-27 所示。

图 2-27　淘宝免费开店入口

（2）免费开店页面分个人店铺和企业店铺两种开店类型。本书主要介绍个人开店的流程,选择"创建个人店铺"按钮后,确认看过并同意淘宝的规则后点击"我已了解,继续开店"进入申请开店认证页面,如图 2-28 所示。

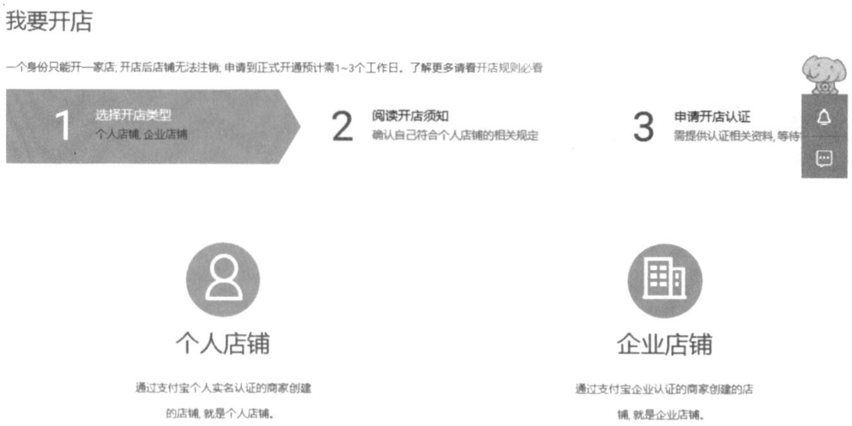

图 2-28　开店申请页面

（3）认证需要两步。首先是支付宝认证，支付宝认证完成后才可以进行淘宝网开店认证，点击"立即认证"开始认证，如图 2-29 所示。

图 2-29　申请开店认证页面

（4）填写本人银行卡信息，校验通过后将以此卡开通快捷支付，如图 2-30 所示。

图 2-30　开通快捷支付页面

（5）支付宝认证完成后才能进入开店认证，点击返回"免费开店"界面，进行"淘宝网开店认证"的操作，开店认证需要个人手持身份证照片和身份证正反面照片，照片的清晰度要高。手持身份证这张重点是：可以清晰看到身份证上面的字。需要注意的是拍手持身份证照片时，持证人的五官、证件全部信息都应清晰可见、露出手臂。淘宝后台对资料审核时间为 48 小时，耐心等待审核完成并通过后，即完成了开店的所有认证流程，如图 2 - 31 所示。

资料1：身份证正面照片   资料2：身份证反面照片   资料3：手拿身份证照片

请仔细查看如下手拿身份证照片要求，提高店铺认证成功率！

① 本人手持身份证，面部清晰可见，证件不挡住下巴

② 身份证信息无遮挡：   身份证号码可辨认

③ 露出手臂（单手持证也可以，必须保持信息清晰完整

图 2 - 31　淘宝网身份认证页面

（6）开店成功之后我们需要设置店铺的基本信息，比如店铺的名称、主营宝贝等。点击"卖家中心"，在左侧菜单中选择"店铺管理"选项，下面有一个"店铺基本设置"。店铺名称是可以随时修改的，店铺标志的要求是 80 * 80 像素的图片，店铺简介是很重要的，因为内容会被列入到店铺索引的关键词中，如图 2 - 32 所示。

 【任务巩固】

训练任务 1：注册一个淘宝网账号

使用本人的身份证和手机号码注册一个淘宝网账号并创建自己个人的网店，给网店取一个好店名，想好要经营产品的类目，为以后经营网店打好基础。

训练任务 2：注册一个支付宝账号

使用本人的身份证、银行卡和手机号码注册一个支付宝账号并和绑定自己的网店，为以后经营网店打好基础。

店铺基本设置　域名设置　淘宝认证　店铺经营许可　店铺过户　店铺升级　子账号管理

淘宝店铺　　手机淘宝店铺

☑ 您填写的信息将在店铺前台展示给买家,请认真填写!

基础信息

*店铺名称: 好宝贝婴儿3D枕头专家

店铺标志:

上传图标　☑ 文件格式GIF、JPG、JPEG、PNG文件大小80K以内,建议尺寸80PX*80PX

店铺简介: 婴儿3D可水洗枕头,透气、防螨、定型、可水洗快干的多功能枕头。　　☑详细说明

☑ 店铺简介会加入到店铺索引中!

NEW *经营地址: 请选择省/直辖市 ▼

温馨提示:若经营地址填写无法保存成功,请更换附近能够在高德地图上定位成功的5级地址进行保存。操作路径查看

*主要货源: ◯ 线下批发市场　◯ 实体店童货　◯ 阿里巴巴批发　◯ 分销/代销
　　　　　　◉ 自己生产　　◯ 代工生产　　◯ 自由公司渠道　◯ 货源还未确定

*店铺介绍: 大小 ▼ 字体　B I U A　🔧 🖌 ▾ ≣ ≣ ≣ ≣
　　　　　　≣ ≣ ≣ ⊖ 🖼 🔗 ⊟ ▾ ✕ ✕

婴儿3D可水洗枕头专家,透气、防螨、定型、可水洗快干的多功能枕头。本店刚开张,诚实经营,欢迎选购~!

☐ 我声明,此页面所填写内容均真实有效,特别是经营地址为店铺最新可联系到的地址,同时可以作为行政机关和司法机律文件的地址。如果上述地址信息有误,愿意承担由此带来的平台处罚(处罚细则)、行政监管和司法诉讼风险。

保存

图 2-32　淘宝网店铺基本设置页面

任务四　体验网上银行操作

【任务展示】

　　淘宝网给人们的生活带来了不少好处,人们足不出户就可以买到自己喜欢的东西。喜欢网购的网民认为,用互联网来完成购物不仅节省了时间,免除了舟车劳顿,还有机会买到在本地市场没有的商品。同时,对一些追求新奇的白领族、学生族来说,这还不失为一种时尚的消费方式。现在,小武想在淘宝网上购买一款 PC 电脑和笔记本电脑上可以使用的音箱,你能帮助他吗?

【任务培训】

培训要点1: 什么是网上银行

网上银行简称网银,是指银行利用 Internet 技术,通过互联网向客户提供开户、查询、对

账、行内转账、跨行取款、信贷、网上证券、投资理财等传统服务项目,使客户可以足不出户就能够安全便捷地管理活期和定期存款、支票、信用卡及个人投资等。可以说,网上银行就是虚拟的银行柜台。在淘宝网上消费,首先要注册淘宝网账号,开通支付宝,还要将支付宝和网银绑定,绑定以后就可以在淘宝网上购买东西了。

培训要点 2:网上银行操作的注意事项

对于网上银行来说,密码就相当于存折,如果密码被别人知道,你的账户就可能面临危险。因此,对网上银行密码的保管要高度重视。尽量不要使用吉祥数字、出生年月、电话号码等容易被破译的密码。区别设置登录密码和支付密码。因为万一登录密码被窃取,在不知道支付密码的情况下,登录人只能办理账户查询等一般业务,无法将账户资金转到他人账户。如果不慎将网上银行登录、支付密码遗忘,应立即到银行网点办理密码挂失或重新开户。

网上银行使用完毕后,务必点击网页上的"退出登录"按钮再关闭网页。这样不仅是正确退出交易页面的步骤,更重要的是清除了计算机数据库中暂存的密码,充分保证了安全。客户输入登录密码、交易密码时,同一日连续三次验证未通过,银行将自动冻结客户当日交易资格。如需当日解冻,客户需持本人身份证件及存折或银行卡,到银行营业网点办理解冻手续。

 【任务执行】

步骤 1:登录淘宝网,搜索欲购买产品

登录淘宝网(www.taobao.com),输入你要想购买的产品,点击搜索,如图 2-33 所示。

图 2-33　淘宝网宝贝搜索页面

步骤 2:货比三家,确定欲购买商品

你可以根据宝贝的人气、销量、信用等级、最新商品、价格等来选择自己喜欢的商品,如图 2-34 所示。

图 2-34 淘宝网搜索到的宝贝页面

步骤 3：加入购物车，购买商品

选择自己喜欢的音箱款式后，点击商品进入产品的详情页面，浏览产品的详细介绍和功能介绍。如果确定要购买的话，点击"立即购买"按钮，如图 2-35 所示。

图 2-35 淘宝网购买页面

步骤 4：创建收货地址

选择你的收货地址，如果还没有设置，可以创建一个，在相关页面输入详细的收货地址和手机号码后点击保存，如图 2-36 所示。

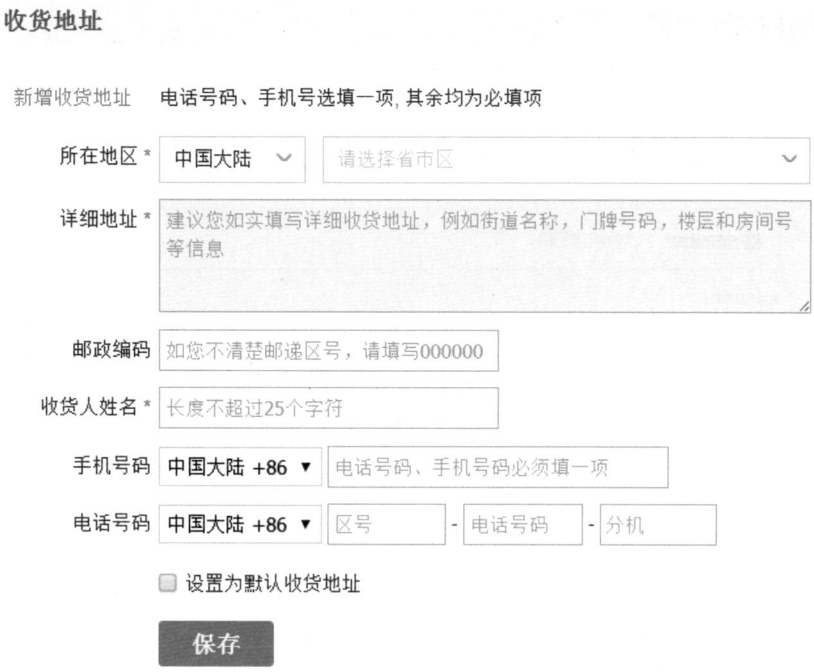

收货地址
新增收货地址　电话号码、手机号选填一项，其余均为必填项
所在地区 *
中国大陆
请选择省市区
详细地址 *
建议您如实填写详细收货地址，例如街道名称，门牌号码，楼层和房间号等信息
邮政编码
如您不清楚邮递区号，请填写000000
收货人姓名 *
长度不超过25个字符
手机号码
中国大陆 +86
电话号码、手机号码必须填一项
电话号码
中国大陆 +86
区号
电话号码
分机
设置为默认收货地址
保存

图 2－36　创建收货地址

步骤 5：提交订单

确定你的订单信息后，点击“提交订单”按钮，如图 2－37 所示。

确认订单信息
店铺宝贝
商品属性
单价
数量
优惠方式
店铺：漫步者官方旗舰店
【狂欢价】Edifier/漫步者 S2000...
颜色分类：胡桃木色
1999.00
1
省400:狂欢价
发票抬头类型：个人　企业
发票抬头：[redacted]　修改
给卖家留言：选填:填写内容已和卖家协商确认
运送方式：普通配送 快递 免邮
18:00前付款，承诺6月12日送达
运费险：卖家送,确认收货前退货可赔

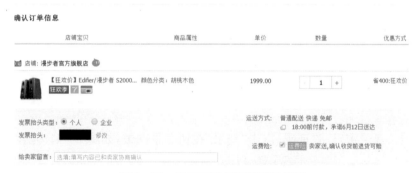

图 2－37　淘宝网宝贝订单确认页面

步骤 6：订单付款

进入产品支付页面后，选择“添加快捷/网银支付”按钮，输入你开通的网上银行卡号，如图 2－38 所示。

合作银行/机构
卡号：输入银行卡号进行安全智能识别
按卡种选择
支持百余家全国及地方银行、多家境外银行及卡组织
下一步

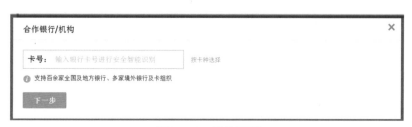

图 2－38　付款页面

步骤 7：选择支付方式

支付付款方式选择“网上银行”，如图 2－39 所示（支付订单也可以选择“快捷支付”，本任务因教学需要，以网上银行支付为例进行介绍）。

合作银行/机构
中国建设银行
**5156
储蓄卡
修改
支持付款方式：
快捷支付
银行与支付宝共同推荐，目前已超过3亿用户使用！
网上银行(需开通网银)
跳转至网银时请认真核对收款方，以保障支付安全。
企业网上银行(需开通网银)
需开通网上银行。
下一步

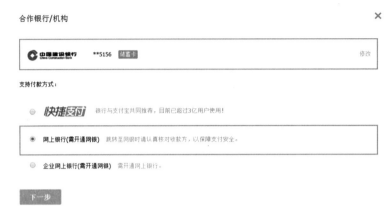

图 2－39　选择付款方式页面

步骤 8：登录网上银行

点击“登录到网上银行付款”，如图 2－40 所示。

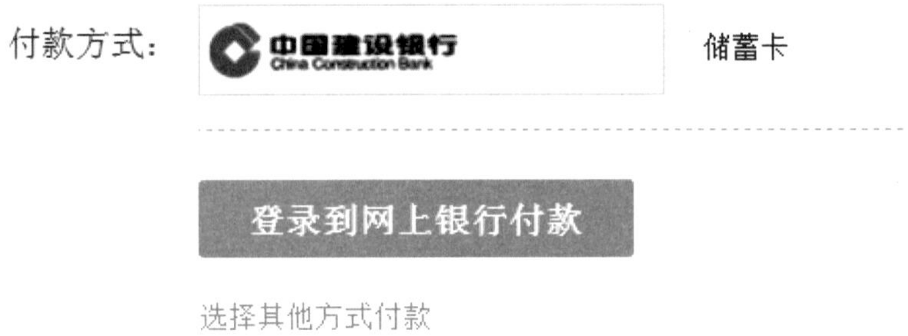

付款方式：
中国建设银行
China Construction Bank
储蓄卡
登录到网上银行付款
选择其他方式付款

图 2－40　网上银行付款

步骤 9：登录网上银行

输入用户名、登录密码、验证码，点击“登录”按钮登录网银，如图 2－41 所示。

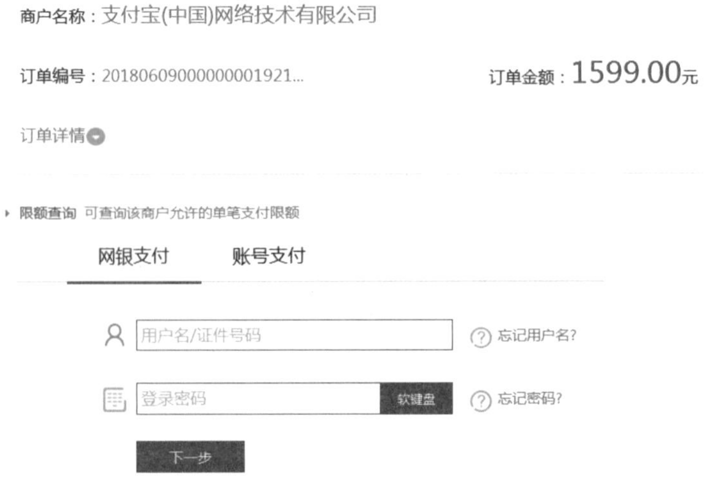

商户名称：支付宝(中国)网络技术有限公司
订单编号：20180609000000001921...
订单金额：1599.00元
订单详情
限额查询 可查询该商户允许的单笔支付限额
网银支付
账号支付
用户名/证件号码
忘记用户名?
登录密码
软键盘
忘记密码?
下一步

图 2－41　登录网上银行页面

步骤 10：完成订单付款

输入你之前开通网银时所设置的密码，完成订单的支付，如图 2-42 所示。

图 2-42 输入网银密码页面

 【任务巩固】

训练任务 1：网购一批办公桌椅

晋职光速商城因为开展业务需要，请你在淘宝网上购买一批办公使用的桌椅，要求货比三家，购买便宜又耐用的办公桌椅。

训练任务 2：网购一些办公文具

晋职光速商城因为开展业务需要，请你在淘宝网上购买一批办公文具。要求货比三家，购买便宜又实用的办公文具。

任务五 在网上发布信息

 【任务展示】

晋职光速商城最近新到了一批男士运动休闲套装，请你把这些商品的信息上传到淘宝店铺并进行销售。

 【任务培训】

培训要点：什么是手机淘宝

淘宝网是亚洲最大的网络电商平台，淘宝网现在已经不仅局限于 PC 端。近几年随着智能手机的普及，人们的生活越来越依赖移动智能设备，淘宝网也将自己的业务逐步扩展到移动端，推出了"手机淘宝"并渐渐成为大势所趋。2020 年 11 月 11 日天猫双 11 购物狂欢节的全天总交易额达到 4 982 亿元；而 2021 年天猫双 11 购物狂欢节的全天总交易额达到 5 403 亿元,相比 2020 年增加了 421 亿元。移动互联网也是未来社会发展的必然趋势。

【任务执行】

步骤 1:登录淘宝网

登录淘宝网(www.taobao.com),利用已经注册的淘宝网账号和密码登录或直接用手机打开手机淘宝 APP 扫码登录,如图 2-43 所示。

步骤 2:进入"发布宝贝"界面

点击"卖家中心"进入店铺主页,选择"宝贝管理",然后选择"发布宝贝",开始进行产品发布的操作,准备上传已经拍摄好的产品,如图 2-44 所示。

图 2-43 淘宝网登录页面(此二维码仅为示例,非真实入口)

图 2-44 淘宝网发布宝贝的页面

步骤 3:在类目搜索框里面输入产品类别

在类目搜索框里面输入"运动休闲套装",选择与 10 个类目中的第 6 条"男装≫套装≫运动休闲套装"相匹配的类别,点击"我已经阅读以下规则,现在发布宝贝"按钮,如图 2-45 所示。

图 2-45　发布宝贝页面

步骤 4：填写宝贝基本信息

填写宝贝基本信息的页面中，打"＊"的项目必须要填写。宝贝类型选择"全新"，输入产品的款号、品牌、产品适合的性别和销售的价格，其他备选项也要如实填写，如图 2-46 所示。

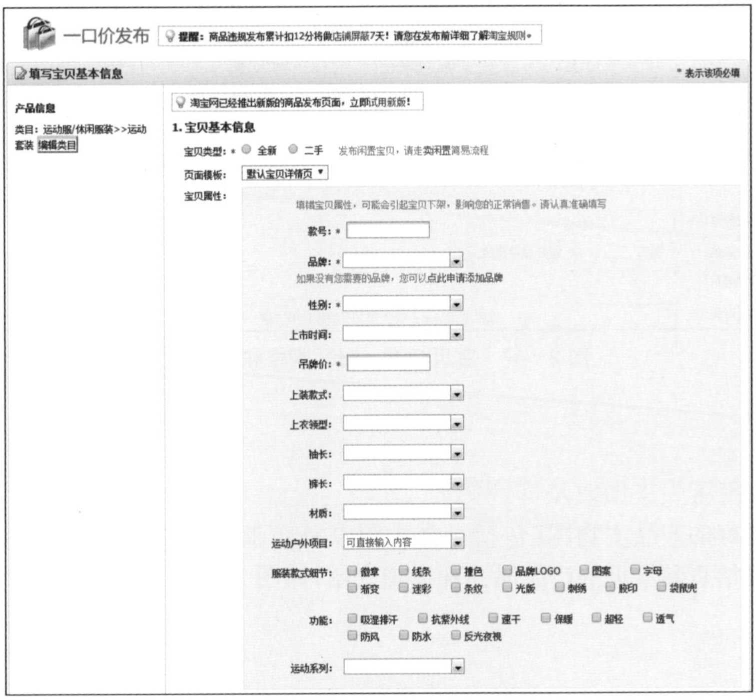

图 2-46　填写宝贝基本信息

步骤 5：输入宝贝的宝贝标题、售价、规格和库存等

输入宝贝的标题（描述文字可以尽量多一些，但不超过 30 个汉字），输入宝贝的零售价，选择出售宝贝的颜色和尺码、宝贝的库存数量以及产品编码，如图 2 - 47 所示。

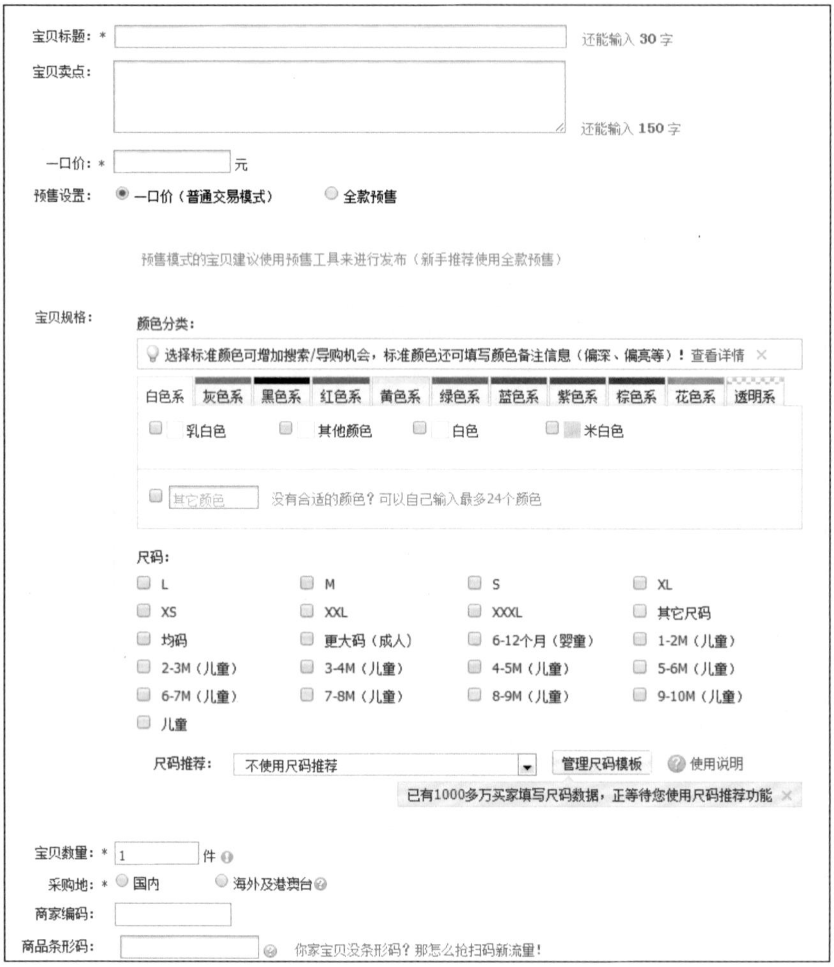

图 2 - 47　宝贝标题、售价、规格和库存等

步骤 6：上传宝贝主页以及详情页

上传已经做好的产品实物图（包括一张主图以及四张细节图片）以及视频，上传宝贝 PC 端和手机端的详情页和宝贝的产品属性和详细介绍，如图 2 - 48 所示。

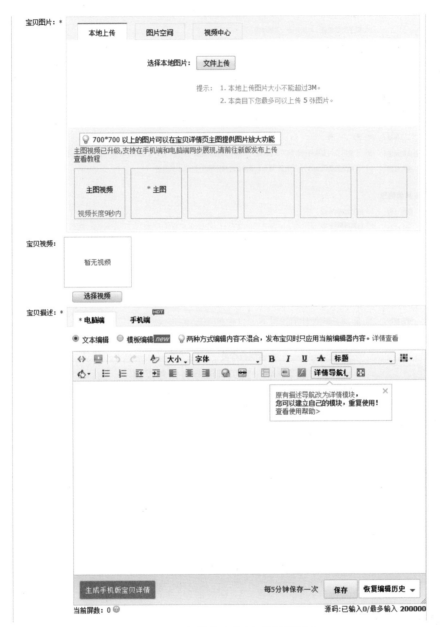

图 2-48　上传宝贝主页以及详情页

步骤 7：填写宝贝物流服务信息，完成发布任务

选择宝贝的运费设置模板，如果是卖家承担物流费用，选择"包邮"模板；如果是买家承担物流费用，必须自己制订运费模板。填写完成售后保障信息和其他信息，点击"发布"按钮即可发布宝贝，如图 2-49 所示。

2. 宝贝物流及安装服务

运费：* 请选择运费模板 ▼　新建运费模板 ⓘ ?

运费模板已进行升级，您的"宝贝所在地"、"卖家承担运费"等设置需要在运费模板中进行操作，查看详情

☐ 电子交易凭证　申请开通　了解详情

物流参数：　物流体积(m3)：　[　　　　　　]

　　　　　　物流重量(Kg)：　[　　　　　　]

3. 售后保障信息

发票：　◉ 无　○ 有

保修：　◉ 无　○ 有

退换货承诺：　☑ 凡使用支付宝服务付款购买本店商品，若存在质量问题或与描述不符，本店将主动提供退换货服务并承担来回邮费!

服务保障：　☑ 该商品品类须支持"七天退货"服务；承诺更好服务可通过交易合约设置

4. 其他信息

库存计数：　○ 拍下减库存 ?
　　　　　　◉ 付款减库存 ?

有效期：　◉ 7天　　💡 即日起全网一口价宝贝的有效期统一为7天

开始时间：　◉ 立刻
　　　　　　○ 设定　[2017年10月3日 ▼]　[12 ▼] 时　[5 ▼] 分 ?
　　　　　　○ 放入仓库

秒杀商品：　☐ 电脑用户　☐ 手机用户 ⓘ

橱窗推荐：　☑ 是　橱窗是提供给卖家的免费广告位，了解如何获得更多橱窗位

[发布]

图 2-49　宝贝物流服务信息页面

🔧 **【任务巩固】**

训练任务：上传宝贝到淘宝店铺

晋职光速商城因为业务需要采购了一批长裙、牛仔裤和风衣，请你把产品信息上传到淘宝网店铺进行销售，服装采购订单如图 2-50 所示。

序号	款式效果	款号	名称	面料	颜色	数量				采购成本单价（不含税）	总采购成本（不含税）	零售标价（含税）
						S	M	L	共计			
1		A0001	露肩长裙	针织、棉	黑色	3	5	2	10	100	1 000	298
2		A0002	露肩长裙	针织、棉	粉色	2	6	1	9	100	900	298

序号	款式效果	款号	名称	面料	颜色	数量				采购成本单价（不含税）	总采购成本（不含税）	零售标价（含税）
						S	M	L	共计			
3		A0003	水洗牛仔裤	棉	蓝色	2	4	1	7	100	700	238
4		A0004	风衣	棉	白色	3	4	3	10	100	1 000	88
5		A0005	连衣裙	棉	湖蓝色	3	5	1	9	100	900	199

图 2-50　服装采购订单

项目三 电商平台物流模板及公告制作

任务一 认识物流模板

【任务展示】

晋职光速商城目前订单日益增多,为了更好地服务客户,提高服务质量,作为光速商城淘宝网专员,请你做好淘宝网店铺的物流管理工作,主要有提供发货、物流工具、物流服务和寄快递等服务。

【任务培训】

培训要点1:了解淘宝网物流功能模块

1. 物流管理

淘宝网物流管理主要有发货、物流工具、物流服务和寄快递等。物流工具主要有服务商设置、运费模板设置、物流跟踪信息、地址库和运单模板设置等。

2. 寄快递

寄快递则需要填写详细的寄件人信息和收件人信息。

3. 物流服务

物流服务指的是物流企业或是企业的物流部门从处理客户订货开始,直至商品送至客户手中,为满足客户需求,有效地完成商品供应、减轻客户物流作业负荷所进行的全部活动。

培训要点2:知名快递公司知多少

想要快速地把货物送到客户的手上,需要通过物流公司的快递服务来实现。目前比较知名的物流企业有顺丰速运、EMS、德邦快递、申通快递、圆通快递、百世汇通、宅急送、中通快递、韵达快递和天天快递等,常见快递公司的标识如图3-1所示。2017年,中国消费者协会对国内快递行业开展明察暗访,经过综合评价打分得出的综合排名来看,顺丰速运综合分高居第一,其他的快递公司的评分相差不大。认识到物流公司的服务能力,我们就可以选择适合的

图3-1 常见快递公司标识

物流公司进行合作,提高客户的满意度。

顺丰控股股份有限公司

公司名称: 顺丰控股股份有限公司(简称"顺丰速运")

成立时间: 1993 年

产品服务: 顺丰积极拓展多元化业务,针对电商、食品、医药、汽配、电子等不同类型客户开发出一站式供应链解决方案,并提供支付、融资、理财、保价等综合性的金融服务。与此同时,依托强大的物流优势,成立顺丰优选,为客户提供品质生活服务,打造顺丰优质生活体验

服务网络: 覆盖国内大陆 31 个省及直辖市,服务网络从大陆延展到香港、台湾地区,甚至国外(韩国、新加坡)

企业愿景: 成为最值得信赖的,基于物流的商业伙伴

核心价值观: 成就客户、创新包容、平等尊重、开放共赢

公司网址: http://www.sf-express.com/cn/sc

【任务执行】

为了能够让商城的产品快速到达客户手中,更为了让客户及时收到产品,提高服务的质量,必须要掌握网购平台中物流服务工具的使用方法。

步骤 1:认识发货模块

登录淘宝网,进入卖家中心,选择"物流管理",在"物流管理"界面里主要有"发货"、"物流工具"、"物流服务"和"我要寄快递"几大功能模块。

在"发货"模块里,我们可以通过输入订单编号、买家昵称等信息查询并显示所有未发货的订单、被取消的订单,以此来及时发货、处理订单信息,如图 3－2 所示。

图 3－2 发货模块

步骤 2:认识"物流工具"

(1)服务商设置。根据不同物流公司的优缺点,选择一个比较好的物流公司是有利于店

铺的运营和发展的,如图 3-3 所示。

(2)运费模板。淘宝网的运费模板就是买家购物时,系统会根据设置的运费模板自动计算产品的运费,从而节约了买卖双方购物的时间。在模板中修改运费时,关联商品的运费也会一起被修改,如图 3-4 所示。

(3)物流跟踪信息。可以及时查看物流跟踪信息,以便买家及时收件,卖家发货后在对应物流公司输入已发货的运单号,系统就可以显示物流信息了。

图 3-3　物流服务商设置

图 3-4　物流运费模板设置

(4)地址库。地址库用来保存常用客户的信息,最多可以添加 20 条地址,方便维护客户关系,如图 3-5 所示。

(5)运单模板设置。自定义各个物流公司的运单模板并保存,如图 3-6 所示。

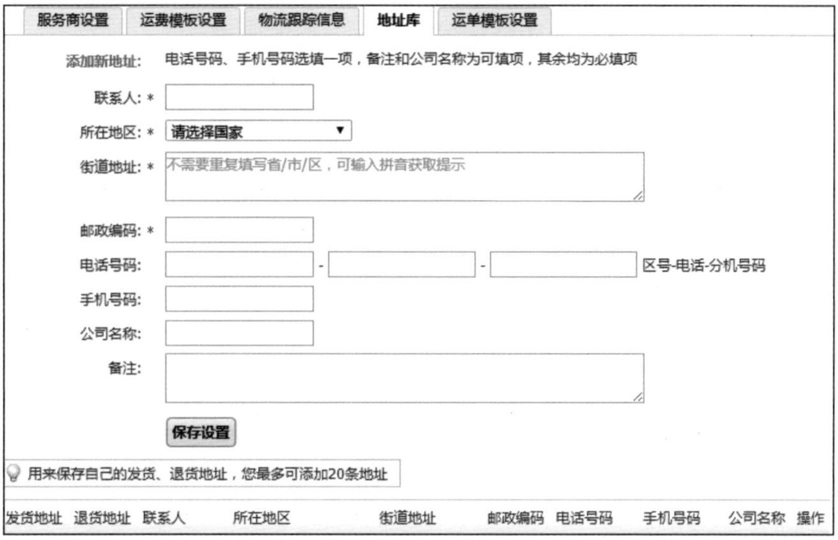
服务商设置
运费模板设置
物流跟踪信息
地址库
运单模板设置
添加新地址：
电话号码、手机号码选填一项，备注和公司名称为可填项，其余均为必填项
联系人：*
所在地区：*
请选择国家
街道地址：*
不需要重复填写省/市/区，可输入拼音获取提示
邮政编码：*
电话号码：
区号-电话-分机号码
手机号码：
公司名称：
备注：
保存设置
用来保存自己的发货、退货地址，您最多可添加20条地址
发货地址 退货地址 联系人 所在地区 街道地址 邮政编码 电话号码 手机号码 公司名称 操作
图 3-5 地址库管理

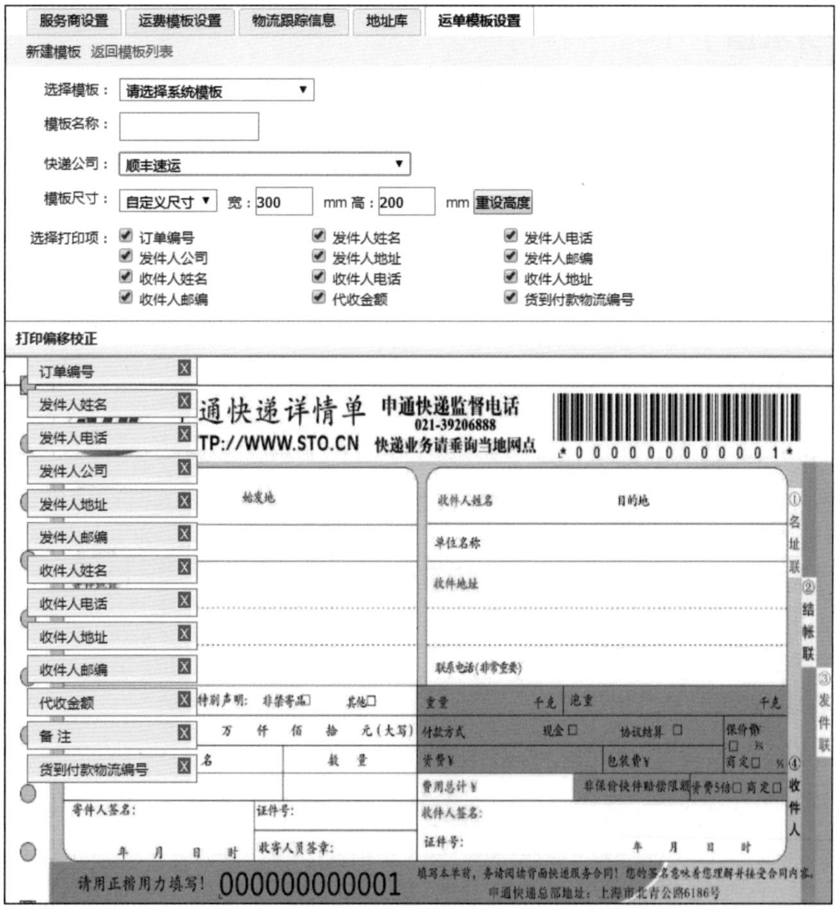
服务商设置
运费模板设置
物流跟踪信息
地址库
运单模板设置
新建模板 返回模板列表
选择模板：
请选择系统模板
模板名称：
快递公司：
顺丰速运
模板尺寸：
自定义尺寸
宽：300 mm 高：200 mm
重设高度
选择打印项：
订单编号
发件人姓名
发件人电话
发件人公司
发件人地址
发件人邮编
收件人姓名
收件人电话
收件人地址
收件人邮编
代收金额
货到付款物流编号
打印偏移校正
订单编号
发件人姓名
发件人电话
发件人公司
发件人地址
发件人邮编
收件人姓名
收件人电话
收件人地址
收件人邮编
代收金额
备注
货到付款物流编号
通快递详情单
申通快递监督电话
021-39206888
TP://WWW.STO.CN
快递业务请垂询当地网点
000000000001
始发地
收件人姓名
目的地
单位名称
收件地址
联系电话(非常重要)
特别声明：
重量
千克
付款方式
现金
协议结算
保价费
资费￥
包装费￥
费用总计￥
寄件人签名：
证件号：
收件人签名：
年 月 日 时
收寄人员签章：
请用正楷用力填写！
000000000001
申通快递总部地址：上海市北青公路6186号
图 3-6 运单模板

步骤3：认识"物流服务"

按照买卖双方的需求，结合商品实际情况订购相关物流服务。

步骤4：认识"我要寄快递"

选择要发货的商品，填写详细信息，联系物流公司发货，如图3-7所示。

图3-7　寄件人地址录入页面

 【任务巩固】

训练任务：了解不同平台的物流模板

五位同学一组，分别登录京东商城、唯品会、天猫商城、当当网等网站，了解这些电商平台的物流模板。

任务二　制作配送说明公告板

 【任务展示】

随着晋职光速商城网上订单日益增多，为了更好地服务广大客户，提高物流配送的速度和服务质量，必须制作详细的物流配送说明公告板。一份详细的配送说明，可以拉近卖家和买家双方的距离，让卖家的后台操作更加透明，让买家买得更加舒心。作为光速商城淘宝网专员，请你针对淘宝网的配送方式、配送费用、发货时间、发货说明制作一份详情的说明公告板并放在商品详情页里面。

 【任务培训】

培训要点1：什么是电子商务物流配送

电子商务下的物流配送，是指物流配送企业采用计算机网络技术和现代化的硬件设备、软件系统及先进的管理手段，针对社会需求，严格、守信地按用户的订货要求，进行一系列分类、组配、整理、分工、配货等理货要求，定时、定点、定量地交给没有范围限制的各类用户，满足其对各种商品的需求。

培训要点 2：影响正常发货的原因

影响正常发货一般有以下原因：

（1）地址错误或信息不全将直接导致无法配送或者延误配送时间。

（2）买家在填写收件人地址时要尽量完整详细，如要变更默认地址，应在拍下之前修改。联系电话非常重要，应保持开机状态，只有这样才能保证商品安全、快速送达。

（3）在确认订单买家已付款后，客服中心应对留言或订单备注进行确认，并联系买家进一步核实。如果买家的订单备注不明确，将有可能影响正常的发货。

 【任务执行】

步骤 1：确定配送说明公告板的内容

确定配送说明公告板中通常包含的要素，比如配送方式、配送费用、发货时间、发货说明、影响正常发货的原因等，如图 3‑8 所示。

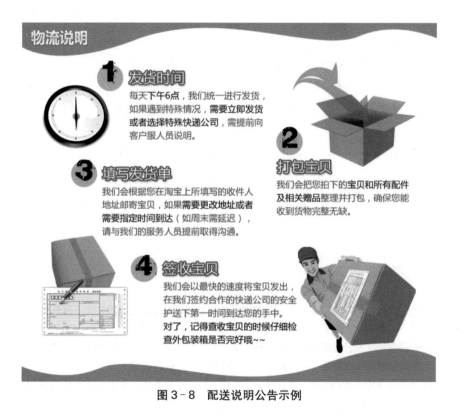

图 3‑8　配送说明公告示例

步骤 2：编辑配送说明公告板的文字

编辑配送说明公告板的文字，配送说明如下：

（1）配送方式：本店默认中通快递，如需要发其他快递请提前与客服交流（可选快递有"顺丰"、"圆通"、"韵达"、"EMS"和"申通"等）。

（2）配送费用：部分包邮商品，只针对大陆地区享有包邮优惠，请港澳台同胞拍下宝贝前咨询在线客服，补齐邮费，否则概不发货，敬请谅解！

（3）本店所有宝贝都有购买运输保险，由于配送过程发生丢失货物均由快递公司提供全额赔付。丢失货物后，快递公司需在 7 个工作日内查实丢失的邮件详情（即货品信息），快递公司确认赔款后我司将先行退款给客户。

（4）发货时间：每日付款订单 24 小时内安排发货（法定节假日、大型促销活动除外）。

（5）发货说明：在您支付成功并生成了有效订单后，我们将尽快安排发货，为您提供最优质、最快捷的服务。

步骤 3：设计配送说明公告板

（1）运行 Photoshop，新建一个宽度 750 像素、高度 500 像素、分辨率为 72 像素/英寸的文件，如图 3-9 所示。

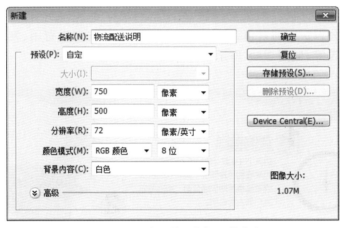

图 3-9　物流配送公告板文件大小

（2）设计"温馨提示"的导航栏，背景填充图案，选择文字工具，输入物流配送说明文字，如图 3-10 所示。

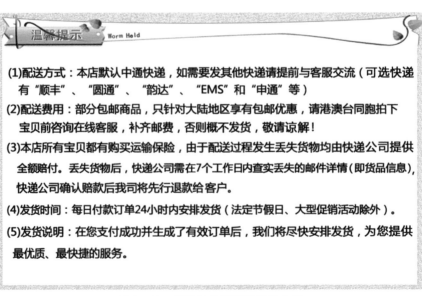

图 3-10　设计物流配送说明公告板

【任务巩固】

训练任务：设计一个物流配送公告板

五位同学一组，分别为光速商城京东店铺和淘宝网店铺制作一个物流配送说明公告板，以班级＋姓名命名文件，并上传图片于商品评情页中。

任务三　制作运费模板

 【任务展示】

晋职光速商城的淘宝网店铺订单日益增多，为了提高服务的质量，即日起店铺合作的物流配送公司更改为申通快递公司，请根据提供的申通快递运费标准来设置运费模板，并且应用到本店所有的产品中，申通快递运费标准如表3-1所示。

表3-1　申通快递运费标准（以福建省通用标准为参考）

申通快递运费标准			
省内	10元	续重每公斤加4元	福建
省外	14元	续重每公斤加5元	江浙沪、安徽、河北、天津、北京
	16元	续重每公斤加10元	山西、陕西、东三省、河南、湖南、湖北
	18元	续重每公斤加10元	广东、广西、宁夏、青海、重庆、贵州、云南、海南
	20元	续重每公斤加20元	西藏、新疆

 【任务培训】

培训要点：了解运费模板的各个功能模块

模板名称：卖家可自行定义模板的名称，用于区分设置不同的运费模板。

宝贝地址：即商品的所在地，搜索页面宝贝所在地的显示地址。

发货时间：商品被拍下并付款时起，卖家承诺多少时间内发货，物流有揽件记录显示的时间。

是否包邮：商品是否由卖家承担运费。

计价方式：商品运费的计算方式分为按件数、体重或体积进行计算。

运送方式：选择相应的运送方式，比如说快递、EMS、平邮；设置默认运费，除了指定的地区外，其他地区的运费采用"默认运费"进行计费。

设置指定地区的运费：点击编辑，可设置指定城市的运费。

 【任务执行】

步骤1：新建运费模板

使用淘宝网账号和密码登录淘宝网，点击右上角"卖家中心"进入店铺后台，选择【物流管理】→【物流工具】→【运费模板设置】，点击页面中的"新建运费模板"按钮，新建一个"申通运费模板"，如图 3 – 11 所示。

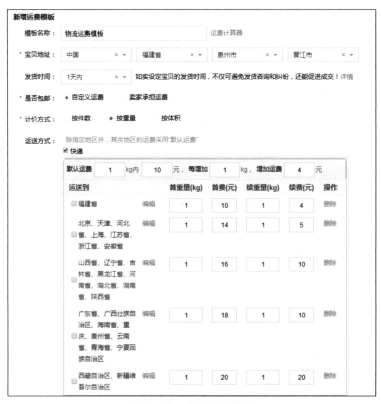

图 3 – 11 "新增运费模板"页面

步骤 2：设置运费模板

设置运费模板的名称、宝贝地址、发货时间、计价方式、运送方式以及相关地区对应的首重运费和续费等，如图 3 – 12 所示。

图 3 – 12 设置运费模板

步骤3: 保存设置并浏览查看运费模板

完成设置后,点击"保存并返回"按钮,浏览查看运费模板的详细情况,如图3-13所示。

申通物流运费模板						最后编辑时间:2017-10-14 11:52　复制模板 | 修改 | 删除
快递	山西,辽宁,吉林,黑龙江,河南,湖北,湖南,陕西	1.0	16.00	1.0	10.00	
快递	福建	1.0	10.00	1.0	4.00	
快递	广东,广西,海南,重庆,贵州,云南,青海,宁夏	1.0	18.00	1.0	10.00	
快递	西藏,新疆	1.0	20.00	1.0	20.00	

图3-13　浏览新增运费模板

【任务巩固】

训练任务:设计中通物流配送模板

请根据提供的中通快递运费标准来设置运费模板,并且应用到本店所有的产品中,中通快递运费标准如表3-2所示。

表3-2　中通快递运费标准(以福建省通用标准为参考)

中通快递运费标准			
省内	8元	续重每公斤加2元	福建
省外	10元	续重每公斤加4元	江浙沪、安徽、河北、天津、北京
	11元	续重每公斤加8元	山西、陕西、东三省、河南、湖南、湖北
	13元	续重每公斤加10元	广东、广西、宁夏、青海、重庆、贵州、云南、海南
	16元	续重每公斤加15元	西藏、新疆

任务四　制作公告板

 【任务展示】

国庆佳节临近,晋职光速商城将于10月1日至10月8日放假,放假期间只接单不发货,10月9日恢复正常发货。作为公司的电商物流专员,请你制作一个店铺公告,公告图片的大小要求为790＊400像素。

 【任务培训】

培训要点:公告的类型有哪些?

首先,淘宝网的公告主要是针对不同节假日做物流发货、放假调整,比如双十一、国庆、春节等。其次,明确公告标题,比如春节放假公告、国庆放假公告等。然后,清楚说明通知内容,排版要注意层次分明。节假日公告可以放在店铺首页或店铺商品详情页中。

如果没有公示放假发货公告,在营业期间内产生的订单延迟发货等问题,卖家管理部门会按照平台规则进行处罚。所以,制作一份表意清晰的假期发货公告对买家和卖家都是有好处的。

【任务执行】

步骤1:制作配送说明公告板

(1)运行 Photoshop,新建文件并命名"节假日发货公告板",然后打开一张自己制作或者是网上下载的公告背景图,网上有很多做得很好的免费背景图可以直接下载使用,但要注意选图应与自己店铺的风格一致,如图3-14所示。

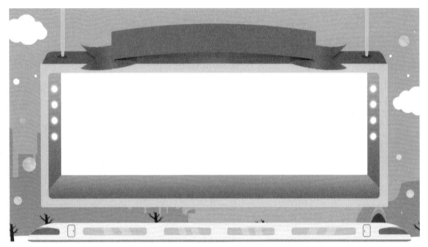

图3-14 制作店铺公告背景

(2)设置大小:店铺公告只限制宽度,最大790像素,高度和图像大小无限制,可根据需要设置。宽度就设为790像素,可以让版面看起来比较整齐且美观,如图3-15所示。

图3-15 新建节假日发货公告板

(3)输入公告内容。选择文字工具,输入主题文字"店铺公告",再输入节假日公告的内容,如图3-16所示。

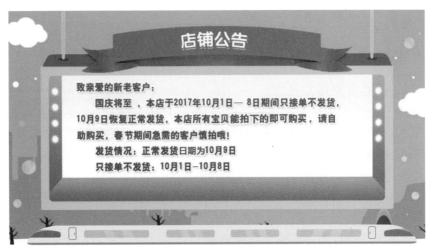

图 3-16　制作节假日发货公告板

【任务巩固】

训练任务：设计新年发货公告

制作一个放在商品详情页中的新年发货公告，店铺图片的大小要求为 790 ∗ 400 像素，如图 3-17 所示。

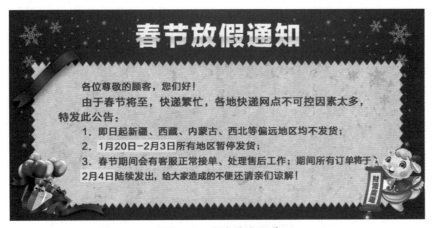

图 3-17　新年发货公告

任务五　制作退换货流程示意图

【任务展示】

晋职光速商城在"双十一"购物节活动期间，店铺的订单量激增，客服部的工作量很大，客户有时候可能是因为对商品不满意或者想更换尺码，也有可能因为颜色问题而申请退换货，有时候也可能是卖家误发或者商品本身质量问题而被要求退换货，所以制作一个退换货流程模板让客户了解退换货的流程是非常必要的。

 【任务培训】

培训要点1：退换货流程知多少

首先，如果货已经发出去了买家可以拒收；拒收后再申请退货，需要写明单号、原因，然后通知卖家进行处理，卖家同意后，并且你的货到达卖家那里才会给你退款；如果没有发货，买家可以直接申请，卖家收到申请后可操作退款。

培训要点2：可退换货与不可退换货的先决条件

可退换货的先决条件有：收到货品的24小时内或更长时间内联系卖家；保证货品全新，未下水洗过，原包装、标牌齐全；商品本身存在质量问题。

不可退换货的先决条件有：不属于质量问题的商品细小瑕疵，比如线头、漏针跳针、拉链不流畅、脱毛现象等；色差问题，拍照势必会受到光源等不可控因素影响，并且任何显示器都会有色差；商品已存在人为损毁或使用痕迹，比如已穿已洗、二次剪裁或缝合印记等；尺寸误差、标志尺码可能存在一定误差属正常，如购买后穿不了，在有尺码可调换的情况下可由买家自付邮费调换，若无尺码可换可以留言转让，不可退换。

买家收到商品后，要当场检查外包装：如果破损，请拒签并第一时间联系客服；如若签收，物品缺少损坏的损失由买家承担。如果是商品本身的质量问题，收到货后24小时内拍照给客服，卖家承担往返运费，如无法提供照片或过时联系，损失由买家承担。如果不属于商品质量问题，24小时内联系客服，买家承担往返运费。退换货商品需未经使用、未破坏原包装且不影响二次销售，若质检后不符退换货标准，卖家有权拒绝退换货。卖家收到退换货商品后，72小时内办理换货或退款手续。

 【任务执行】

步骤：制作退换货流程图示

（1）运行 Photoshop CS5，新建文件并命名为"退换货流程示意图"，设置图片宽度为790像素，高度为350像素，分辨率为72像素/英寸，如图3-18所示。

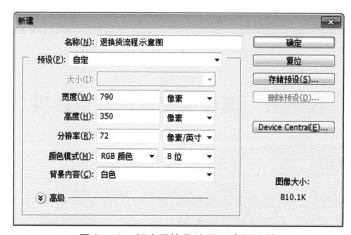

图3-18　新建退换货流程示意图文件

（2）绘制流程图框架，选择圆角矩形工具绘制出若干圆角矩形图示框，并使用油漆桶工具填充相应的颜色，然后选择直线工具或者箭头形状工具绘制连接符号。

（3）输入退换货流程相关文字，完成退换货流程示意图的制作，如图3-19所示。

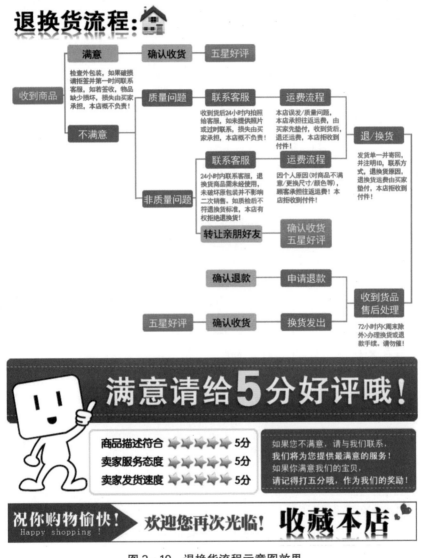

图3-19　退换货流程示意图效果

【任务巩固】

训练任务：设计一个退换货流程图

请你为晋职光速商城的淘宝网店铺制作一张放在商品详情页中的退换货流程图，图片的大小要求宽度为790像素，高度350像素。

项目四　电子商务环境下的采购管理

任务一　了解采购

【任务展示】

晋职光速商城采购员收到公司总部发来的"采购通知"，得知商城近期需要采购以下商品，如表4-1所示。作为晋职光速商城的采购专员，请你根据此列表开展采购作业。

表4-1　采购通知

序号	商品名称	品牌型号	数量	备注
1	手机壳	小米6	10	卡通
2	音箱	漫步者200	10	褐色
3	移动硬盘	爱国者128G	100	白色
4	墨盒	佳能MP145	20	黑色

请在2017年9月10日前完成采购。联系人：赵四，电话：0595-85387745。

晋职光速商城
2017年8月25日

【任务培训】

培训要点1：什么是采购

采购是指企业在一定的条件下从供应市场获取产品或服务作为企业资源，以保证企业生产及经营活动正常开展的一项企业经营活动。

1. 狭义的采购

狭义的采购是指以购买的方式，由买方支付对等的代价，向卖方换取物品的行为过程。

2. 广义的采购

广义的采购是指除了以购买的方式获取商品以外，还可以通过下列途径取得商品的使用权，以达到满足需求的目的，包括租赁、借贷、交换等形式。

培训要点2：采购的分类

按采购价格分类，可分为招标采购、询价采购、比价采购、议价采购、定价采购，如图4-1所示。在实际采购中，很少是以一种方式单独进行的，通常是几种方式结合起来进行采购的。

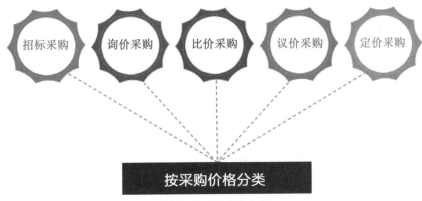

图 4-1　采购的分类

1. 招标采购

招标采购是指通过招标的方式,邀请所有的或一定范围的供应商参加投标,采购实体通过某种事先确定并公布的标准从所有投标者中评选出中标供应商,并与之签订合同的一种采购方式。

2. 询价采购

询价采购是指由买卖双方直接讨价还价实现交易的一种采购行为。

3. 比价采购

比价采购是指在买方市场条件下,在选择两家以上供应商的基础上,由供应商公开报价,最后选出合适的供应商。

4. 议价采购

议价采购是指采购人员与厂家谈判,讨价还价,谈定价格后决定购货。

5. 定价采购

定价采购是指厂家凭市场经验对采购商品定好采购价格,根据事先定好的采购价格进行采购。

培训要点 3：采购的形式

常见的采购形式分为日常采购、采购外包、战略采购三种形式,如图 4-2 所示。

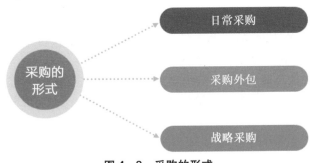

图 4-2　采购的形式

1. 日常采购

日常采购是指采购人员根据确定的供应协议和条款,以及企业的物料需求时间计划,以采购订单的形式向供应方发出需求信息,并安排和跟踪整个物流过程,确保物料按时到达企业,以支持企业正常运营的过程。

2. 采购外包

采购外包就是企业在凝聚自身核心竞争力的同时,将全部或部分的采购业务活动外包给专业采购服务供应商,专业采购供应商可以通过自身更具专业的分析和市场信息捕捉能力,来辅助企业管理人员进行总体成本控制,降低采购环节在企业运作中的成本支出。

3. 战略采购

战略采购是一种有别于常规采购的思考方法,它与普遍意义上的采购区别是前者注重的要素是"最低总成本",而后者注重的要素是"单一最低采购价格"。所谓战略采购是一种系统性的、以数据分析为基础的采购方法。简单地说,战略采购是以最低总成本建立服务供给渠道的过程,一般采购是以最低采购价格获得当前所需资源的简单交易。

培训要点4:采购对象有哪些

采购对象分为直接物料和间接物料,直接物料将用于构成采购企业向其客户提供的产品或服务的全部或部分,间接物料将在企业的内部生产和经营活动中被使用和消耗。

图 4-3 采购的"5R 原则"

培训要点5:采购的原则

采购的"5R 原则":适价(Right Price)、适质(Right Quality)、适时(Right Time)、适量(Right Quantity)、适地(Right Place),如图 4-3 所示。

1. 适价

价格永远是采购活动中的敏感焦点,企业在采购中最关心的要点之一就是采购能节省多少采购资金。物品的价格与该物品的种类、是否为长期购买、是否为大量购买及市场供求关系有关,同时与采购人员对该物品的市场状况熟悉状况也有关系。一个合适的价格往往要经过以下几个环节的努力才能获得:

(1)多渠道获得报价:这不仅要求有渠道供应商报价,还应该要求一些新供应商报价。企业与某些现有供应商的合作可能已达数年之久,但它们的报价未必优惠。获得多渠道的报价后,企业就会对该物品的市场价有一个大体的了解,从而进行比较。

(2)比价:俗话说"货比三家",因为专业采购所买的东西可能是一台价值百万或千万元的设备或年采购金额达千万元的零部件,这就要求采购人员必须谨慎行事。由于供应商的报价单中所包含的条件往往不同,故采购人员必须将不同供应商报价中的条件转化一致后才能进行比较,只有这样才能得到真实可信的比价结果。

(3)议价:经过比价环节后,筛选出价格最适当的两三个报价环节。随着进一步的深入沟通,不仅可以将详细的采购要求传达给供应商,而且可进一步"杀价",供应商的第一次报价往往含有"水分"。

(4)定价:经过上述三个环节后,买卖双方均可接受的价格便作为日后的正式采购价,一般需保持两三个供应商的报价。这些供应商的价格可能相同,也可能不同。

2. 适质

企业不重视品质在今天激烈的市场竞争环境中根本无法立足,一个优秀的采购人员不仅要做一个精明的商人,同时也要在一定程度上扮演管理人员的角色,在日常的采购工作中要安排部分时间去推动供应商改善、稳定物品品质。

3. 适时

企业已安排好生产计划,若原材料未能如期达到,往往会引起企业内部混乱,工厂停工待料,造成产品不能按计划出货,会引起客户强烈不满;若原材料提前太多时间买回来放在仓库里等着生产,又会造成库存过多,大量积压采购资金。故采购人员要扮演协调者与监督者的角色,督促供应商按预定时间交货。

4. 适量

批量采购虽有可能获得一定折扣,但会积压采购资金,订购量太少又不能满足生产需要。故合理确定采购数量相当关键,一般应按经济订购量采购。采购人员不仅要监督供应商准时交货,还要强调按订单数量交货。

5. 适地

天时不如地利,企业往往容易在与距离较近的供应商的合作中取得主动权,企业在选择试点供应商时最好选择近距离供应商来实施。近距离供货不仅使得买卖双方沟通更为方便,处理事务更快捷,亦可降低采购物流成本。

总之,只有依据采购的"5R 原则"综合考虑才能实现最佳采购方案,这需要采购人员在长期的实际操作中积累经验。

 【任务执行】

步骤 1:收集供应商信息

1. 查询当前市场行情

根据采购通知,通过网络平台或者实体考察查询当前市场行情,获取供应商信息,掌握影响成本的因素和事件。寻找多家合格厂商的报价,制作底价或预算。部分供应商的报价如表4-2 所示。

表 4-2　供应商报价

序号	商品名称	供应商名称	单价(元)	优惠折扣	发货地
1	手机壳小米6	新兴科技	1.5	38 元省内包邮	广州
2	手机壳小米6	小米科技	1.6	20 个省内包邮	金华
3	手机壳小米6	旺旺通讯	1.8	买 10 送 1	东莞
4	手机壳小米6	大宝通讯	1.4	50 个起售	深圳
5	音箱漫步者200	明星音像	199	逢百减 10	惠州
6	音箱漫步者200	天籁音像	206	9 折	上海
7	音箱漫步者200	昂达音像	228	无责保修 3 年	苏州
8	音箱漫步者200	天天音像	209	全国包邮	株洲
9	U 盘爱国者128G	新兴科技	99	38 元省内包邮	广州

序号	商品名称	供应商名称	单价(元)	优惠折扣	发货地
10	U盘爱国者128G	小米科技	106	20个省内包邮	金华
11	U盘爱国者128G	旺旺通讯	138	买10送1	东莞
12	U盘爱国者128G	大宝通讯	98	5个起售	深圳
13	墨盒佳能MP145	银城耗材	59	逢百减10	深圳
14	墨盒佳能MP145	佳能耗材	66	送30 ml墨水	惠州
15	墨盒佳能MP145	万达办公	49	2个省内包邮	上海
16	墨盒佳能MP145	百佳印刷	39	10个起售	广州

2. 比价

根据表4-2供应商的报价,从价格、服务水平、企业资信、筛选出各商品性价比最高的供应商。注意同一产品的可选供应商应该保证在两家以上。

3. 议价

议价能力受供求关系影响,可选择以下4种形式提高议价能力,如:年度订单但分批到货、联合采购、引入竞争者、改良的招标法。

步骤2:评估

评估供应商最简单的办法就是衡量供应商的交货质量、及时性、价格和售后服务。根据表4-3的供应商服务质量汇总表,把"天籁音像"的评估结果填入表4-4供应商评估表。

表4-3 供应商服务质量汇总表

序号	供应商名称	交货合格率	及时性	市场平均价比	服务满意度
1	新兴科技	90%	及时	低	88%
2	大宝通讯	95%	及时	低	85%
3	明星音像	94%	及时	持平	90%
4	天籁音像	98%	及时	持平	96%
5	万达办公	96%	及时	高	98%
6	百佳印刷	93%	及时	低	92%

表4-4 供应商评估表

供应商名称:　　　　　　　　　　　　　　　　　　考核日期:　　年　月　日

项目	满分	分数计算	实际得分	考核部门/人员
品质	40			品管部/
交期	30			业务部(仓库)/

续表

项目	满分	分数计算	实际得分	考核部门/人员
价格	20			业务部(采购)/
服务	10			业务部(采购)/
总评	100	本次评定为____级		
上次评估等级为____		本年度累计:A级____次,B级____次,C级____次		
	1. 总评90分以上(含90分)为A级合格供应商,作为优先下单对象;70分至89分为B级,即为合格供应商;69分以下(含69分)为C级,即为不合格供应商。凡评定为C级一次者,给予延期付款十五天处理,并由业务部对其发出纠正预防措施通知单;连续两次评为C级的,给予延期付款三十天处理,并由业务部对其发出纠正预防措施通知单;连续三次评为C级的,撤销其合格供应商资格,且原则上不再下单采购。 2. 品质评分:40分×交货合格率 3. 交期评分:30分×系数　系数=交货及时批次/订货总批次×100% 4. 价格:20分(与市场平均价格相比低计20分、持平计10分、相比高计5分) 5. 服务评分:10分×系数　服务系数=服务满意次数/总服务次数 6. 处理方式:□保持合格供应商资格 　　　　　　□发出纠正措施通知单 　　　　　　□取消合格供应商资格				

制表:　　　　　　　　　　　　　　　　　　　　　部门经理/日期:

 【任务巩固】

根据表4-5的"采购通知",4人一组(分工:采购员1名、供应商3名)利用计算机和网络登录相关电子商务采购平台,完成如下商品采购活动中的供应商信息收集和议价作业,并把结果填入表4-6所示的供应商报价表中,针对每件商品至少找到三家供应商。

表4-5 采购通知

序号	商品名称	品牌型号	数量	备注
1	真皮女士钱包	不限	50个	长方形
2	无线鼠标	不限	100个	白色/黑色
3	女士浴室拖鞋	不限	40对	

表 4-6　供应商报价

序号	商品名称	供应商名称	单价(元)	优惠折扣	发货地
1					
2					
3					
4					
5					
6					
7					
8					
9					
10					
11					
12					
13					

任务二　认识电子商务采购流程

【任务展示】

作为晋职光速商城的采购专员,请你根据表 4-1 的"采购通知",利用联网的计算机,登录淘宝网完成商品名称为"无线鼠标"的采购作业。

【任务培训】

培训要点 1: 采购流程的形式

企业采购流程一般有比选、竞争性谈判和单一来源三种形式,如图 4-4 所示。单一来源比较好理解,即市场上独此一家,没得选,只能从他们家进货。

图 4-4　采购流程的形式

1. 比选采购方式的主要流程（如图 4－5 所示）

（1）采购人发出采购信息（采购公告或采购邀请书）及采购文件。

（2）供应商按采购文件要求编制、递交应答文件。

（3）采购人对供应商应答文件进行评审，并初步确定候选供应商（候选供应商数量少于递交应答文件供应商数量，具体数量视采购项目情况而定）。

（4）采购人保留与候选供应商进一步谈判的权利。

（5）采购人确定最终中选供应商，并向所有递交应答文件的供应商发出采购结果通知。

（6）采购人与中选供应商签订采购合同。

图 4－5　比选采购的流程

2. 竞争性谈判的主要程序（如图 4－6 所示）

（1）采购人发出采购信息（采购公告或采购邀请书）及采购文件。

（2）供应商按采购文件要求编制、递交初步应答文件。

（3）采购人根据初步应答文件与所有递交应答文件的供应商进行一轮或多轮谈判，供应商根据采购人要求进行一轮或多轮应答。

（4）采购根据供应商最后一轮应答进行评审，并确定成交供应商。

（5）采购人向所有递交应答文件的供应商发出采购结果通知。

（6）采购人与成交供应商签订采购合同。

图 4－6　竞争性谈判的主要程序

培训要点 2：采购的基本流程

采购的基本流程包括询价、供方选择、合同管理，如图 4-7 所示。

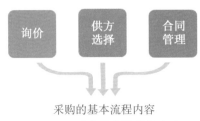

采购的基本流程内容

图 4-7　采购基本流程的内容

1. 询价

询价就是从可能的卖方那里获得谁有资格完成工作的信息，该过程被称为"供方资格确认"。获取信息的渠道有：招标公告、行业刊物、互联网等媒体、供应商目录、约定专家拟定可能的供应商名单等。通过询价获得供应商的投标建议书。

2. 供方选择

这个阶段根据既定的评价标准选择一个承包商。评价方法有以下几种：

（1）合同谈判：双方澄清见解，达成协议。这种方式也叫"议标"。

（2）加权方法：把定性数据量化，将人的偏见影响降至最低程度。这种方式也叫"综合评标法"。

（3）筛选方法：为一个或多个评价标准确定最低限度履行要求。如：最低价格法。

（4）独立估算：采购组织自己编制"标底"，作为与卖方建议比较的参考点。

一般情况下，要求参与竞争的承包商不得少于三个。选定供方后，经谈判后买卖双方签订合同。

3. 合同管理

合同管理是确保买卖双方履行合同要求的过程，一般包括以下几个层次的集成和协调：

（1）授权承包商在适当的时间进行工作。

（2）监控承包商成本、进度计划和技术绩效。

（3）检查和核实分包商产品的质量。

（4）变更控制，以保证变更能得到适当的批准，并保证所有应该知情的人员获知变更。

（5）根据合同条款，建立卖方执行进度和费用支付的联系。

（6）采购审计。

（7）正式验收和合同归档。

培训要点 3：招标采购的流程

招标采购是一个复杂的系统工程，它涉及多个方面多个环节。一个完整的招标采购过程，基本上可以分为以下 6 个阶段，如图 4-8 所示。

1. 策划

招标活动通常都是涉及范围很大的大型活动。因此，开展一次招标活动，需要进行认真周密的策划，招标策划主要应当做好以下的工作：

（1）明确招标的内容和目标，对招标采购的必要性和可行性进行充分的研究和探讨。

（2）对招标书的标底进行初步估算。

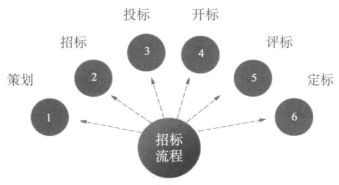

图4-8 招标采购的流程

（3）对招标的方案、操作步骤、时间进度等进行研究决定。例如，是采用公开招标还是邀请招标，是自己亲自主持招标还是请人代理招标，分哪些步骤，每一步怎么进行等。

（4）对评标方法和评标小组进行讨论研究。

（5）把以上讨论形成的方案计划形成文件，交由企业领导层讨论决定，取得企业领导决策层的同意和支持，有些甚至可能还要经过公司董事会的同意和支持。

2. 招标

在招标方案得到公司的同意和支持以后，就要进入到实际操作阶段。招标阶段的工作主要有以下几部分：

（1）形成招标书。招标书是招标活动的核心文件，要认真起草好招标书。

（2）对招标书的标底进行仔细研究确定。有些还要召开专家会议，甚至邀请一些咨询公司代理。

（3）招标书发送。采用适当的方式，将招标书传送到所希望的投标人手中。例如，对于公开招标，可以在媒体上发布；对于选择性招标，可以用挂号信或特快专递直接送交所选择的投标人。

3. 投标

投标人在收到招标书以后，如果愿意投标，就要进入到投标程序。其中，投标书、投标报价需要经过特别认真地研究，详细地论证完成。投标文件要在规定的时间内准备好，一份正本、若干副本，并且分别封装签章，信封上分别注明"正本"和"副本"字样，寄到招标单位。如图4-9所示。

投 标 书
项目名称：
投标单位：
投标单位全权代表：
投标单位： （公章） 年 月 日

图4-9 投标书封面模板

4. 开标

开标应按招标通告中规定的时间、地点公开进行，并邀请投标商或其委派的代表参加。开标前,应以公开的方式检查投标文件的密封情况,当众宣读供应商名称、有无撤标情况、提交投标保证金的方式是否符合要求(在有保证金的前提下)、投标项目的主要内容、投标价格及其他有价值的内容;开标时,对于投标文件中含义不明确的地方,允许投标商做简要解释,但所做的解释不能超过投标文件记载的范围(如表4-7所示),或实质性地改变投标文件的内容。

表4-7 开标一览表

(设备招标样式)

招标编号: _____

	名称	主要技术参数或说明	数量	单位
设备价				

	名称	费用(元)	备注
其他费用			

除上述列明费用外,无其他任何再需要支出费用。

投标单位(盖章): _____

授权代表签字: _____

年　月　日

5. 评标

招标方收到投标书后,直到招标会开会那天,不得事先开封。只有当招标会开始,投标人到达会场,才可将投标书邮件交投标人检查,签封完后,当面开封。开封后,投标人可以拿着自己的投标书向全体评标小组进行陈述,并且接受全体评委的质询,(或者)甚至参加投标辩论。陈述辩论完毕,投标者退出会场,全体评标人员进行分析评比,最后投票或打分选出中标人。评标由招标人依法组建的评标委员会负责。评标委员会由招标人的代表和有关技术、经济等方面的专家组成,成员人数为五人以上的单数,其中技术、经济等方面的专家不得少于成员总数的2/3。

6. 定标

在全体评标人员投票或打分选出中标人员以后,交给投标方,通知中标方。同时,对于未中标者也要明确通知他们,并表示感谢。以上是一般情况下的招标采购的全过程。在特殊的场合,招标的步骤和方式也可能有一些变化。

　　培训要点4:采购涉及的单据

　　采购相关的单据有:请购单、采购单、询价单、采购退货单、进货单、采购退出、采购异常退出等,如图4-10、4-11、4-12、4-13所示。

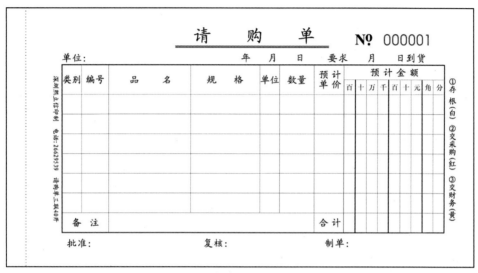

图4-10　请购单

图4-11　采购单

发出部门：市场部	发出时间：8月2日8：40		接收部门：采购部　编号：NO008		
市场部	材质	OPP20/CPP25			
要求	色数	8色印刷			
	规格	26.5cm*1000m			
	询价结束时间	8月4日18点前			
负责采购员					
报价厂家名称					
报价内容	材质				
	色数				
	卷膜单价				
	折合成袋子价格				
	1支版费价格				
	起定量				
	到货时间				

图4-12　询价单

图4-13　采购退货单(电子版)

 【任务执行】

步骤1：收集供应商信息

根据表4-1中商品名称为"无线鼠标"的采购任务，利用联网的计算机登录淘宝网，收集5家供应商的名称、折扣、发货地、单价，绘制"供应商报价汇总表"，格式如表4-8所示。

表4-8 供应商报价汇总

序号	商品名称	供应商名称	单价(元)	优惠折扣	发货地
1					
2					
3					
4					
5					

步骤2：进行比价

根据各供应商的报价，在表4-8供应商报价汇总的基础上，进行比价。

步骤3：进行议价

由采购员代表公司分别与供应商议价，并把议价结果填入表4-9。

表4-9 供应商议价汇总表

序号	商品名称	供应商名称	初始报价	最终报价	备注
1					
2					
3					
4					
5					

步骤4：评估

利用联网的计算机查询你所选择的供应商的资信情况，并将结果填入表4-10供应商服务质量汇总表。

表4-10 供应商服务质量汇总表

序号	供应商名称	宝贝描述	卖家服务	物流服务	平均价格比
1					
2					
3					
4					
5					

步骤5：索样

根据表4-8供应商报价汇总，向供应商索要样品。

步骤6：决定

根据供应商提供的样品品质，结合表4-10供应商服务质量汇总表，按照以下计算方式给供应商评分，并把结果填入表4-11供应商评估表。

表 4-11　供应商评估表

项目/供应商名称				
宝贝描述(5分)				
卖家服务(5分)				
物流服务(5分)				
价格(5分)				
合计(分)				
最终确定供应商：1.		2.		

步骤7：订购

根据步骤6的决定,向选定供应商下采购订单,如表4-12所示。

表 4-12　采购订单

订单编号				订单发放日期		年　月　日	
需方				供方			
电话		传真		电话		传真	
联系人		手机		联系人		手机	
地址				地址			
序号	名称	规格型号	单位	单价	数量	合计金额	交货时间

【任务巩固】

根据表 4 - 13 的"采购通知",4 人为一组(1 名采购员、3 名供应商)任选一款商品完成采购作业。

表 4 - 13　采购通知

序号	商品名称	品牌型号	数量	备注
1	牛皮女士手提包	不限	50 个	不限
2	落地风扇	格力	100 台	白色/黑色
3	美的电饭煲	3 L	20 个	全自动

任务三　开展电子商务平台采购

【任务展示】

作为晋职光速商城的采购专员,请你根据表 4 - 14 的"采购通知",利用联网计算机在电商平台完成商品名称为"打印机"的采购作业。

表 4 - 14　采购通知

序号	商品名称	品牌型号	数量	备注
1	帆布双肩包	迪卡侬 40 L	50 个	不限
2	打印机	佳能	100 台	白色/黑色
3	美的电饭煲	3 L	20 个	全自动
4	男式帆布鞋	不限	100 双	35—42 码

【任务培训】

培训要点 1: 什么是电子商务采购

电子商务采购是在电子商务环境下的采购模式,也就是网上采购。通过建立电子商务交易平台,发布采购信息,或主动在网上寻找供应商、寻找产品,然后通过网上洽谈、比价、网上竞价实现网上订货,甚至网上支付货款,最后通过网下的物流过程进行货物的配送,完成整个交易过程。

培训要点 2: 电子商务采购的优势

电子商务采购为采购提供了一个全天候、全透明、不受时空限制的采购环境,即 365 天 × 24 小时的采购环境。该方式实现了采购信息的公开化,扩大了采购市场的范围,缩短了供需距离,避免了人为因素的干扰,简化了采购流程,减少了采购时间,降低了采购成本,提高了采购效率,大大降低了库存,使采购交易双方易于形成战略伙伴关系,如图4-14所示。

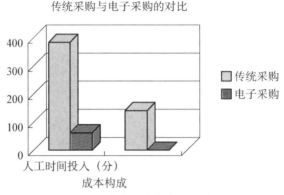

图4-14 传统采购与电子采购对比

培训要点3:电子商务采购的流程

网上采购程序主要包括:采购前的准备工作、采购中供需双方的磋商、合同的制定与执行、交付与清算等环节,如图4-15所示。

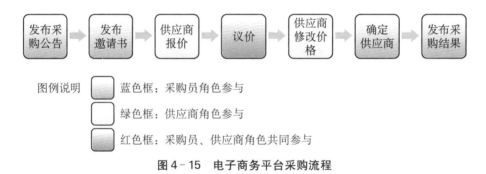

图4-15 电子商务平台采购流程

1. 采购前的准备工作

对于采购商来说,采购前的准备过程就是向供应商进行宣传和获取有效信息的过程。在网络环境条件下,将演变成供应商积极把自己产品的信息资源(如:产品价格、质量、公司状况、技术支持等)在网上发布,企业则随时上网查询并掌握自己所需要的商品信息资源。双方推拉互动,共同完成商品信息的供需实现过程。在网络环境中,信息的交流通常是通过登录和浏览对方的网站和主页完成,其速度和效率是传统方式所无法比拟的。采购前的信息交流主要是企业对供应商的产品价格和质量进行了解。因此,价格在很大程度上决定着采购决策。

2. 供需双方的磋商

过程在网络环境下,传统采购磋商的单据交换可以演变为记录、文件或报文在网络中的传输过程。各种网络工具和专用数据交换协议自动地保证了网络传递的准确性和安全可靠性。企业一旦选择了合适的能保证最佳产品质量、最合理价格、最优质服务的供应商,就可以在网上与其进行磋商、谈判。各种商贸单据、文件(如:价目表、报价表、询盘、发盘、订单、订购单应答、订购单变更要求、运输说明、发货通知、付款通知、发票等)在网络交易中都变成了标准的报文形式,减少了漏洞和失误,规范了整个采购过程。

3. 合同的制定与执行

磋商过程完成之后,需要以法律文书的形式将磋商的结果确定下来,以监督合同的履行,因此双方必须以书面形式签订采购合同。这样一方面可以杜绝采购过程中的不规范行为,另一方面也可以避免因无效合同引起的经济纠纷。因为网络协议和网络商务信息工具能够保证所有采购磋商文件的准确性和安全可靠性,所以双方都可以通过磋商文件来约束采购行为和执行磋商的结果。

4. 支付与清算过程

采购完成以后,货物入库,企业要与供应商进行支付与结算活动。企业支付供应商采购价款的方式目前主要有两大类:一类是电子货币类,包括电子现金、电子钱包和电子信用卡等;另一类是电子支票类,譬如电子支票、电子汇款、电子划款等。前者主要用于企业与供应商之间的小额支付,比较简单;后者主要用于企业与供应商之间的大额资金结算,比较复杂。

 【任务执行】

步骤 1: 采购分析与策划

利用联网的计算机针对采购商品进行采购分析与策划,对现有采购流程进行优化,制定出采购方案,如图 4-16 所示。

××××××项目××××采购招标方案

一、采购项目基本情况

项目名称:

项目概况:

物资名称及采购量:

序号	物资名称	规格型号	单位	数量
1				

需求部门:

预算额度:

实施时间/到货时间/保修期限要求:

采购经理:

二、拟采用的采购方式和供应商资格审查条件

本采购项目拟采用公开招标的方式进行采购。

资格审查方式(资格预审或资格后审)、资格审查条件:

投标须知的主要内容:

主要废标条款(不可偏离项):

三、评标委员会组成方案和监督机构

评标委员会构成：（资格预审项目需由资格预审委员会构成）

监督机构：

四、采购工作进度安排

时间	地点	工作安排	配合部门	责任人
		标书编制、评审		
		发布公告、标书		
		收回、评审标书		
		提交结果时间		

五、评标办法和评分标准

评标方法：（经评审的最低价中选法、综合评估法、综合评审价格法）

评分细则：（适用于综合评估法）

评标程序：

中标原则：（含各标段中标供应商分量原则）

六、合同关键条款

参与采购预案编制人员签字：

序号	部门	姓名
1		
2		
...		

图 4-16 采购招标方案

步骤 2：建立网站

这是进行电子商务采购的基础平台，要按照采购标准流程来组织页面。可以通过虚拟主机、主机托管、自建主机等方式来建立网站，特别是加入一些有实力的采购网站，通过它们的专业服务，可以获取非常丰富的供求信息，起到事半功倍的作用，如图 4-17 所示。

步骤 3：发布招标采购信息

采购单位通过互联网发布招标采购信息（即发布招标书或招标公告），详细说明对物料的要求，包括质量、数量、时间、地点，以及对供应商的资质要求等。也可以通过搜索引擎寻找供应商，主动向他们发送电子邮件，对所购物料进行询价，广泛收集报价信息，如图 4-18 所示。

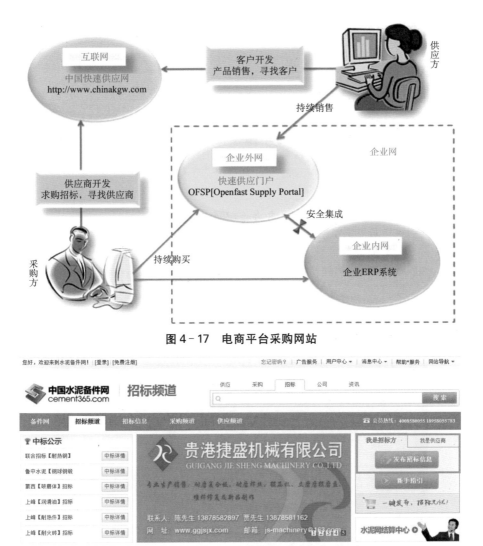

图 4-17　电商平台采购网站

图 4-18　网上发布招标采购信息

步骤 4：供应商报价

供应商登录采购单位网站，进行网上资料填写和产品报价，报价单格式如表 4-15 所示。

表 4-15　供应商报价单

序号	购买项目	规格、型号、品牌	数量	市场价	投标价	总金额	供货时间
1	电脑	联想扬天 B5700C A64 3500＋512160SB(XP)标配 17"LCD	2 台				
2	打印机	AR970 打印机	2 台				
3	电脑	神州新瑞 E600D(酷睿 2 E6300/512M DDR-Ⅱ内存/80G 硬盘/DVD 光驱/集成 GMA950 显卡/内置 9 合 1 读卡器/17"LCD)	1 台				

续表

序号	购买项目	规格、型号、品牌	数量	市场价	投标价	总金额	供货时间
		小计					
4	打印机	富士通 DPK8600 宽行票据打印机	1 台				
5	复印机	东芝数码 203 复印机　20 页/分钟,双纸盒	1 台				
		小计					
6	笔记本电脑	东芝 L100 - 01Q004(内存 512M,成交后 2 天内供货,免费送货上门并负责安装调试,提供东芝原装品牌电脑包、鼠标)	17 台				

步骤 5:收集标书(投标文件)

对供应商进行初步筛选,收集投标书或进行贸易洽谈,如图 4-19 所示。

图 4-19　电子标书封面

步骤 6:网上评标

网上评标,由电脑程序按设定的标准进行自动选择或由评标小组进行分析评比选择。

步骤 7:公布中标

在网上公布中标单位和价格,如有必要应对供应商进行实地考察后签订采购合同。

步骤 8:采购实施

中标单位按采购订单通过运输交付货物,采购单位支付货款,处理有关善后事宜。按照供应链管理思想,供需双方需要进行战略合作,实现信息的共享。采购单位可以通过网络了解供应单位的物料质量及供应情况,供应单位可以随时掌握所供物料在采购单位中的库存情况及采购单位的生产变化需求,以便及时补货,实现准时化生产和采购。

【任务巩固】

根据表 4-16 的采购通知,4 人为一组(1 名采购员、3 名供应商)任选一款商品完成采购作业。

表 4-16　采购通知

序号	商品名称	品牌型号	数量	备注
1	旋风拖把带桶	不限	50 套	不限
2	地板清洁剂	亮净 2.7 L	100 桶	不限
3	订书机	不限	50 把	不限
4	男式钉鞋	不限	100 双	36—44 码

任务四　签订商品采购合同

 【任务展示】

根据表 4-14 的采购通知,经过电子商务采购平台的筛选,晋职光速商城的采购专员基本确定了供应商。请根据商品采购情况,4 人为一组(角色分别是采购专员、采购经理、总经理、供应商)共同完成采购合同的签订。

 【任务培训】

培训要点 1:采购合同的定义

采购合同是供货方与采购方经过谈判协商一致同意而签订的“供需关系”的法律性文件。合同双方都应遵守和履行,并且是双方联系的共同语言基础。签订合同的双方都有各自的经济目的,采购合同是经济合同,双方受《经济合同法》的保护并承担相应责任。

培训要点 2:采购合同的内容

采购合同的条款构成了采购合同的内容,编制时应当在力求具体明确、便于执行、避免发生纠纷的前提下,具备以下主要条款:

(1) 产品的品种、规格和数量。

(2) 产品的品质和包装。

(3) 价格和结算方式。

(4) 交货期限、地点和发送方式。

(5) 验收方法。

(6) 违约责任。

(7) 合同变更和解除条件。

除此之外,采购合同应视实际情况,增加若干具体的补充规定,使签订的合同更切合实际、更有效率。

培训要点 3: 签订采购合同的注意事项

在签订采购合同时应注意以下几点:

1. 审查采、供货双方的基本情况

在采购谈判正式开始之前,要审查对方的营业执照,了解其经营范围,以及对方的资金、信用,经营情况,其项目是否合法等。如果有担保人,也要调查担保人的真实身份。若出面签约的是某业务人员时要注意查看对方提交的法人开具的正式书面授权委托证明,以确保合同的合法性和有效性。特别应注意在涉外商贸谈判中,要把子公司和母公司分开,若与子公司谈判,不仅要看母公司的资信情况,更要调查子公司的资信情况。因为母公司对子公司通常不负连带责任。

2. 严格审核采购合同主要条文

当谈判双方就交易的主要条款达成一致以后,就进入合同签约阶段。谈判所涉及的数量、质量、货款支付以及履行期限、地点、方式等,都必须严密、清楚,否则会造成不可估量的经济损失。特别应注意:

(1)签订的合同对商品的标准必须明确规定。签订合同时,双方对买卖商品的名称必须准确而规范。对所购产品的质量标准应当在合同中明确约定,以免所交货物因质量不符合所想要采购的标准而引起纠纷。

(2)交货地点应明确。签订合同时,要写明交货地点,保证货物能够及时签收,避免丢失货物,尤其在跨国采购时应注意。

(3)接收货物时间应明确。为了避免所采购的产品因过期等原因失去原有的使用价值,在采购合同中应明确约定货物到交货地点后采购人的收货时间。

3. 合同必须明确双方应承担的义务和违约的责任

采购合同双方应就违约事项约定解决方式以及法律责任,以此来维护自己的合法权益。例如约定在违反合同事项时支付违约金等条款。

 【任务执行】

步骤 1: 明确合同内容

根据供应商标书确定以下内容:

(1)产品的品种、规格和数量。

(2)产品的品质和包装。

(3)价格和结算方式。

(4)交货期限、地点和发送方式。

(5)验收方法。

(6)违约责任。

(7)合同变更和解除条件。

步骤 2: 拟定合同

根据双方最终确定的内容,缮制合同。合同样本如图 4 - 20 所示。

采购合同

（合同号：　　　　　）

甲　　　方：
单位名称：
法定代表：
电　　话：

乙　　　方：
单位名称：
法定代表：
电　　话：

根据《中华人民共和国合同法》的有关规定，为明确合同双方的权利义务，经过双方友好协商，现达成以下条款：

1. 产品名称、型号、数量、价格：

产品名称	规格型号	计量单位	数量	单价	合计
合计					

即：人民币＿＿＿＿＿＿＿＿＿＿＿＿（大写）

2. 付款时间与方式：

2.1　甲方于收到×××产品××日内全额支票支付乙方合同全部货款。

2.2　乙方于货款入账××日内提供甲方全额增值税发票。

3. 交货方式、交货日期及交货地点：

3.1　交货日期：合同生效后××日内乙方交付甲方××产品。乙方收到甲方货款后，交付甲方××产品。

3.2　交货地点：甲方指定地点。

4. 质量标准：

4.1　乙方所提供产品的技术指标应符合国家或部颁标准。

4.2　在质保期内如果乙方提供的产品出现质量问题，乙方需要在1个工作日内给予相应处理，3个工作日内给予处理。特殊情况需要乙方提供备用产品给甲方。

5. 违约责任：

5.1　除不可抗拒事件，任何一方不得违反本合同条款。

5.2　如发生交货日期延迟，乙方每延误一天交货需按合同总额的5‰向甲方支付违约金；甲方不得拖欠乙方货款，如甲方没有按期支付，每延误一天需按合同总额的5‰向乙方支付违约金。违约金最多不超过合同总金额的10％。

6. 争议的解决：

凡因执行本合同所发生的争议，或与本合同有关的一切争议，双方应通过友好协商解决。如果协商不能解决，依照《中华人民共和国合同法》，由双方认可的仲裁部门解决或向人民法院起诉。

本合同一式贰份，甲乙双方各持壹份，具有同等法律效力。

合同附件与本合同具有同等法律效力。

本合同自甲乙双方签字盖章之日生效，传真件具有同等法律效力。

甲方：   乙方：

签字（盖章）：   签字（盖章）：

日期：   日期：

图 4 - 20 合同样本

步骤 3：签订合同

按照公司规定，执行合同签订流程，如图 4 - 21 所示。

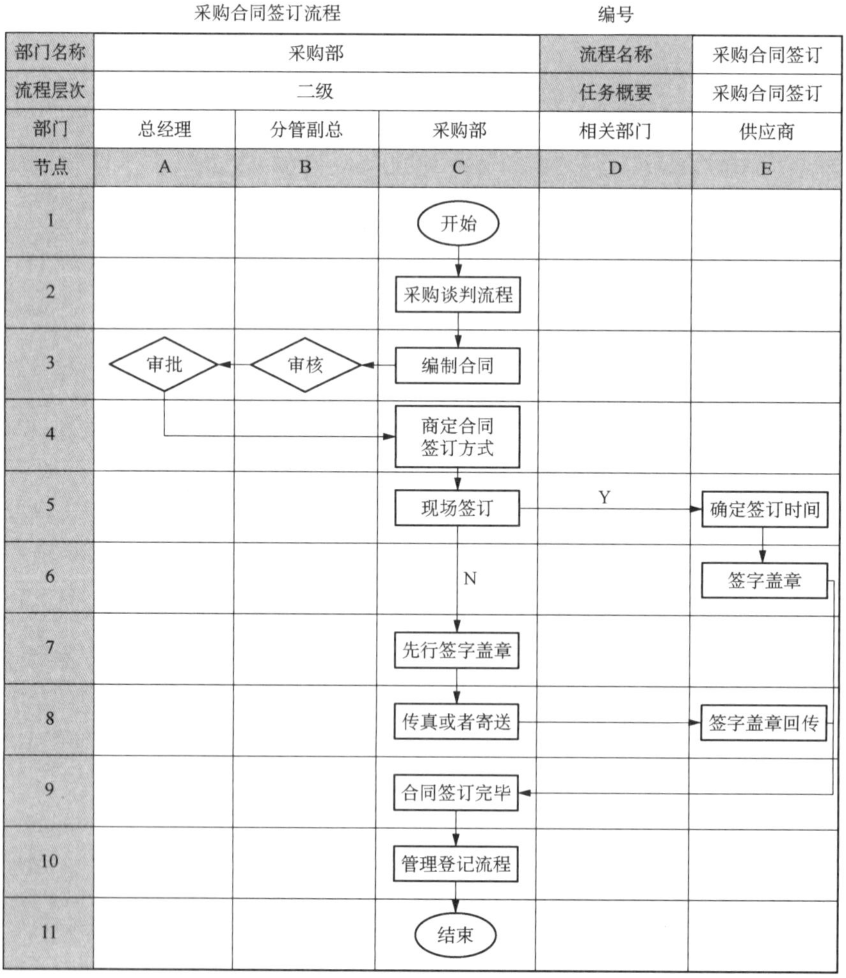

图 4 - 21 合同签订流程示意图

 【任务巩固】

根据表 4－17 的采购通知中所列商品采购情况，4 人为一组（采购专员、采购经理、总经理、供应商）选任一商品完成采购合同的签订。

表 4－17　采购通知

序号	商品名称	品牌型号	数量	备注
1	笔记本的电脑	戴尔 348	50 台	红色/黑色
2	无线键盘	不限	100 个	黑色
3	无线路由器	TP－LINK 双频	50 个	白色/黑色
4	固态硬盘	惠普 500 GB	100 个	不限

项目五 电子商务环境下的仓储管理

任务一 开展电商入库作业

【任务展示】

晋职物流有限公司于 2017 年 8 月 25 日收到合作电商企业——晋职光速商城发来的入库通知电邮,得知晋职光速商城委托兴泰物流运送一批产品,预计将于 2017 年 9 月 1 日上午 10：00 入库,入库通知内容如表 5-1 所示,客户指令号为 20170825001,入库紧急程度为一般。作为晋职物流公司的电商物流专员,请你根据入库通知开展电商入库作业。

表 5-1 入库通知

晋职物流有限公司：

我司现有一批产品委托兴泰物流运送至贵公司储存,请安排接收,具体产品如下：

序号	货品名称	批次	单位	数量	包装
1	联想机箱	017082501	箱	100	纸箱
2	联想液晶电视	017082502	箱	100	纸箱
3	联想键盘	017082503	箱	20	10 盒/箱
4	联想鼠标	017082504	箱	30	20 盒/箱

请在 2017 年 9 月 1 日完成入库,联系人：贾三(电话 0595-8538888)。

晋职光速商城

2017 年 8 月 25 日

【任务培训】

培训要点 1：什么是入库作业

入库作业是指将验收完毕存放在进货暂存区的货物进行储位分配以及根据相对应的储位将货物存放到货架上的作业过程。

培训要点 2：如何开展电商入库作业

电商入库作业流程如图 5-1 所示,接到电商入库通知后,首先应该先进行入库信息处理,接下来是对接收货物进行验货理货,然后使用装卸搬运设备将验收合格的货品上架到指定的储位,上架完毕后仓管员还要办理相关的入库手续。

| 入库信息处理 | | 入库理货 | | 入库上架 | | 办理入库手续 |

图5-1　入库作业流程

培训要点3：常用的托盘堆码方式有哪些

托盘作为一种最常用的货品堆放设备，在摆放同一形状的立体包装货品，可以采取多种交错组合的办法堆码，这可以保证稳定性，减少加固的需要。常用的托盘堆码方式如表5-2所示。

表5-2　四种常见的托盘堆码方式

堆码方式	堆码标准	堆码特点
重叠式	将货品箱逐层堆叠码放，层与层之间的箱平行，货品箱四个角边重叠，方向相同，直到堆码完成	操作简单，包装物四个角和边重叠垂直，承载力大。层间缺少咬合，稳定性差，容易发生塌垛
纵横交错式	每层堆码方式同重叠式一样，水平同方向摆放。第二层与底层旋转90°摆放。如此循环，直到堆码结束	层间有一定的咬合。咬合强度不够，稳定性还不足
正反交错式	每层货品箱在排列的时候，列与列之间货品箱垂直放置。箱与箱的交接面为正面与侧面衔接。层与层之间摆放的时候，上层的货品箱与下层的货品箱旋转180°摆放	咬合程度较高，稳定性高。货品之间不是垂直互相承重，下部货品易被压坏
旋转交错式	相邻的货品箱相互垂直旋转摆放，根据托盘及货品箱的规格也可以两个货品箱为一个单位相互垂直摆放。每个堆码单位的交接面必须有一个正面和一个侧面	咬合程度高，稳定性高。堆码难度较大，中间形成空穴，降低了托盘装载能力

【任务执行】

步骤1：入库信息处理

1. 新增入库订单

用户选择"入库订单"（如图5-2所示）系统会显示当前未生成作业计划的订单列表页面，在此页面用户点击"新增"按钮（如图5-3所示），进入入库订单的编辑界面，并将表5-1中的入库通知单的货物信息录入到"订单信息"、"订单入库信息"、"订单货品"三个标签页，分别如图5-4、图5-5、图5-6所示。

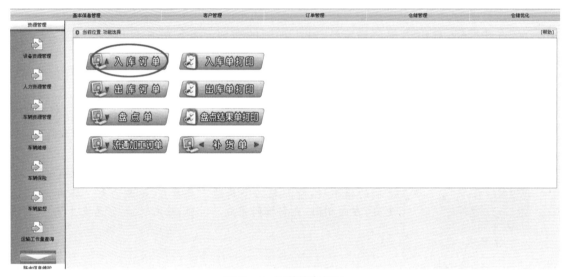

图5-2　订单信息界面

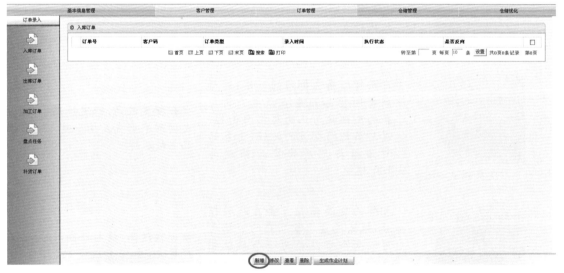

图5-3　点击"新增"

图5-4　订单信息界面

图5-5　订单入库信息界面

图5-6　订单货品界面

2. 生成作业计划

选中作业订单，并点击"生成作业计划"按钮，如图5-7所示。生成作业计划前再次认真核对所录入的订单信息是否正确，如果信息录入无误，则点击"确认生成"按钮，如图5-8所示。

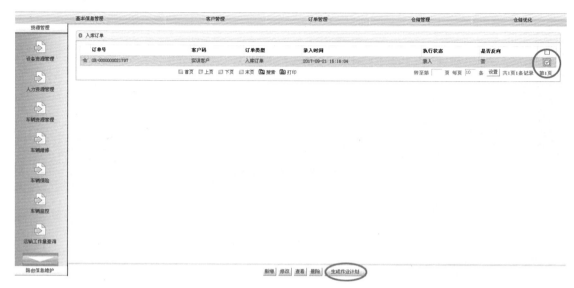

图5-7 点击"生成作业计划"

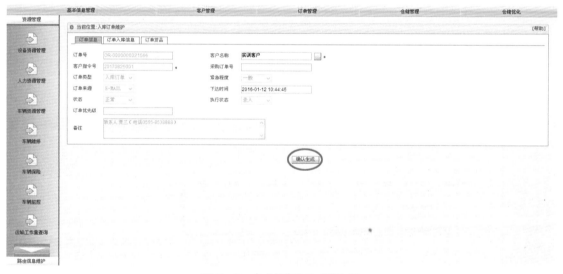

图5-8 点击"确认生成"按钮

3. 打印入库单

在仓储管理系统中,选择"入库单打印",如图5-9所示,然后进入到如5-10所示界面,选中刚才的订单,选择"打印",选择打印单据类型为"入库单"(如图5-11所示),进入如图5-12所示界面,点击"打印"按钮。

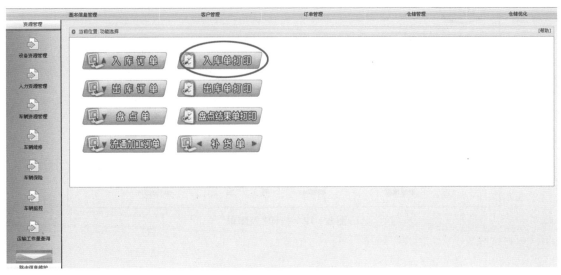

图5-9 选择"打印入库单"

图5-10 选择"打印"

图5-11 打印单类型选择"入库单"

图 5-12 打印"入库单"

步骤 2：进行理货作业

1. 准备空托盘

准备空托盘(如图 5-13 所示)，根据包装箱的尺寸估算使用托盘的数量。

图 5-13 准备空托盘

2. 选择托盘堆码方式

根据货物的性质及包装特点选用合适的托盘堆码方式。

3. 按照托盘堆码标准进行堆码

(1) 将货物箱平行排列，根据托盘规格决定列数和每类的数量。

(2) 堆码过程中按先远后近的原则堆码。

(3) 将底层的货物箱堆码整齐，箱与箱之间不留空隙。

(4) 箱与箱的交接应为正面与正面衔接，侧面与侧面衔接。

（5）将货物箱逐层堆码，层与层之间的货物箱平行，货物箱的四个角边重叠，方向相同，直到堆码完成。

4. 审核堆码质量

审核的标准如下：

（1）堆码的纸箱不超过托盘的范围。

（2）纸箱堆码整齐，不超高。

（3）堆码要符合"大不压小、重不压轻"的原则。

（4）纸箱的条形码要尽量朝外，每面至少有一个货物标示朝外。

5. 利用无线手持终端完成理货作业

理货人员利用无线手持终端（即 RF）登录仓储管理系统（即 WMS 系统），并在 WMS 系统中完成理货作业，如图 5 - 14 所示。

图 5 - 14　利用无线手持终端完成理货作业

步骤 3：进行上架作业

1. 选择合适的装卸搬运工具

根据货物的特点，选择液压托盘车对货物进行搬运作业，选择半电动堆高车或全电动堆高车进行上架作业。

2. 进行库内搬运作业

货物上架前，需要利用液压托盘车或电动托盘车将货物搬运到指定位置，如图 5 - 15 所示。

图 5 - 15　利用液压托盘车进行搬运作业

3. 确定货品的上架位置

根据储位分配单（如表5-3所示）或RF上的提示确定货品的上架位置，如图5-16所示。

表5-3 储位分配单

作业单号：					库房			
制单人					日期			
货品明细								
序号	位置	货品名称	规格	批次	应放	实放	单位	备注

图5-16 根据RF提示确定货品的上架位置

4. 使用堆高车或者叉车对货品进行上架作业

操作员根据储位分配单或RF上的提示进行货品上架操作，如图5-17所示。

图5-17 使用堆高车上架

5. 入库反馈

货品上架作业完成后,操作员要通知信息员,请信息员在 WMS 系统中对入库作业进行反馈,如图 5－18 所示。

图 5－18　完成入库反馈

步骤 4:办理入库手续

1. 登台账

根据入库单,填写货物出入库明细账(如表 5－4 所示),明细账的格式可以根据入库货物的特点与管理的需要酌情设计,一般应包括如下内容:日期时间;卡号;品名、数量、规格型号、包装情况等;存放货位号、结存数量等;货主名称;提货时间、出库号、出库数量等;其他预留内容。

表 5－4　货物出入库明细账

货物出入库明细账		卡号		
		货主名称		
		货位		

品名		规格型号			
计量单位		供应商单位			
应收数量		送货单位			
实收数量		包装情况			

_____年			入库数量	出库数量	结存数量	备注	货物验收情况
___月___日	收发凭证号	摘要	件数	件数	件数		

2. 立货卡

将货物名称、规格、数量或出入状态等内容填写到货卡中。货卡又称料卡、货盘,插放在货物下方的货物支架上或摆放在货垛证正面的明显位置,如表5-5所示。

表5-5　货卡

货物名称			规格		单位	
年			摘要	收入数量	发出数量	结存数量
月	日					

3. 建档案

将货物的入库通知单、送货单、验收单、入库单等相关单证、各种技术资料以及在保管期间使用的操作记录、发货单等原件或复印件存入档案,应一物一档。

4. 签单证

仓储主管签署入库单,并留存。

 【任务巩固】

根据表5-6的入库通知单,3人为一组(分工:信息员、仓管员、操作员)完成入库任务。

表5-6　入库通知单

单号:20171014001
客户名称:大润发超市　　　　　　　　　　　　　　　　　入库日期:2017年10月14日

序号	品名	上架储位	单位	数量	备注
1	益力矿泉水	B00102	箱	20	
2	可口可乐	C00103	箱	20	
3	康师傅矿泉水	A00101	箱	18	
	总计			58	

巩固操作1：入库订单处理

信息员根据入库通知单录入入库订单,在系统中生成作业计划,打印入库单。

巩固操作2：入库验收作业

根据入库单,仓管员到收货理货区验收货品,如果出现实收货品数量与入库单上的应收数量不符或质量问题时,仓管员要在入库单上注明情况,并以实际收货数量入库;仓管员在入库单上签字确认;仓管员与送货人员(由老师扮演)进行交接。

巩固操作3：入库理货作业

利用设备或人工从托盘存放区抬取空托盘到收货理货区,如果是人工抬取空托盘则必须由两个人一起完成,而且一次只允许抬取一个空托盘;利用手持终端扫描货品标签和托盘标签完成组盘作业,如图5-19所示。

图5-19 入库理货作业

巩固操作4：入库搬运作业

利用手持终端扫描托盘标签,下载入库搬运任务,利用手动搬运车将货品从收货理货区运至托盘货架交接区。

巩固操作5：入库上架作业

用堆高车从托盘货架交接区取待上架托盘,利用手持终端扫描托盘标签,下载入库上架任务,完成货品上架,并确认目标货位地址。

巩固操作6：设备还原

所有操作结束后,将设备归还到设备区,结束操作。

任务二 开展电商在库作业

 【任务展示】

晋职物流公司收到合作电商企业——晋职光速商城的柯经理来电,柯经理要求晋职物流公司对光速商城的20种库存产品进行ABC分类,对A类商品,实行重点管理;对B类商品,根据需要实行重点管理或一般管理。作为晋职物流公司的电商物流专员,请你根据表5-7所示的晋职光速商城库存产品周转总量一览表,完成晋职光速商城库存产品ABC分类工作。

表 5-7　晋职光速商城库存产品周转总量一览表

序号	商品名称	库存金额(万元)	品种(%)
1	a	44	5
2	b	46	5
3	c	48	5
4	d	120	5
5	e	280	5
6	f	1 200	5
7	g	40	5
8	h	30	5
9	i	1 000	5
10	j	220	5
11	k	160	5
12	l	32	5
13	m	28	5
14	n	320	5
15	o	180	5
16	p	70	5
17	q	46	5
18	r	50	5
19	s	44	5
20	t	42	5

 【任务培训】

培训要点 1: 什么是库存 ABC 分类管理法

库存 ABC 分类管理法又称为 ABC 重点管理法或 ABC 分析法,是指将库存货品按照品种和占用资金多少分三级进行管理的方法。A 类指特别重要的库存,B 类指一般重要的库存,C 类指不重要的库存。ABC 分类标准如表 5-8 所示。

表 5-8　ABC 分类标准

类别	库存占用金额累计占比(%)	品种数累计占比(%)
A	60—80	10—20
B	15—25	20—30
C	5—15	50—70

培训要点 2：在使用 ABC 分析法管理库存时，可以采取哪些策略

在使用 ABC 分析法管理库存时，可以采取相应策略进行管理，具体如表 5-9 所示。

表 5-9 ABC 分析法管理库存策略

序号	商品分类	管 理 策 略
1	A 类商品	(1)每件商品皆做编号；(2)尽可能慎重、正确地预测需求量；(3)少量采购，尽可能在不影响需求下减少库存量；(4)请供货单位配合，力求出货量平稳化，以降低需求变动，减少库存量；(5)与供应商协调，尽可能缩短前置时间；(6)采用定期订货的方式，对其存货必须做定期检查；(7)必须严格执行盘点，每天或每周盘点一次，以提高库存精确度；(8)对交货期限必须加强控制，在制品及发货也必须从严控制；(9)货品放至易于出入库的位置；(10)实施货品包装外形标准化，增加出入库单位；(11)采购需经高层主管审核
2	B 类商品	(1)采用定量订货方式，但对前置时间较长，或需求量有季节性变动趋势的货品宜采用定期订货方式；(2)每两三周盘点一次；(3)中量采购；(4)采购需经中级主管核准
3	C 类商品	(1)采用定量订货方式以节省手续；(2)大量采购，以利在价格上获得优惠；(3)简化库存管理手段；(4)安全库存量可以大些，以免发生库存短期；(5)可交现场保管使用；(6)每月盘点一次；(7)采购仅需基层主管核准

 【任务执行】

步骤 1：收集数据

根据实际的存货情况，收集库存中的商品名称、库存金额、品种占比，并按商品库存金额以降序方式排列，绘制库存商品清单，如表 5-10 所示。

表 5-10 库存商品清单

序号	商品名称	库存金额(万元)	品种(%)
1	f	1 200	5
2	i	1 000	5
3	n	320	5
4	e	280	5
5	j	220	5
6	o	180	5
7	k	160	5
8	d	120	5

序号	商品名称	库存金额(万元)	品种(%)
9	p	70	5
10	r	50	5
11	c	48	5
12	b	46	5
13	q	46	5
14	a	44	5
15	s	44	5
16	t	42	5
17	g	40	5
18	l	32	5
19	h	30	5
20	m	28	5

步骤2：处理数据

计算各种商品库存金额比例、库存金额累计比例、品种累计比例，在表5-10库存商品清单的基础上，绘制库存商品数据整理表，如表5-11所示。

表5-11　库存商品数据整理表

序号	商品名称	库存金额(万元)	品种(%)	库存金额比例(%)	库存金额累计比例(%)	品种累计比例(%)
1	f	1 200	5	30	30	5
2	i	1 000	5	25	55	10
3	n	320	5	8	63	15
4	e	280	5	7	70	20
5	j	220	5	6	76	25
6	o	180	5	5	80	30
7	k	160	5	4	84	35
8	d	120	5	3	87	40
9	p	70	5	2	89	45
10	r	50	5	1	90	50

序号	商品名称	库存金额（万元）	品种（%）	库存金额比例（%）	库存金额累计比例（%）	品种累计比例（%）
11	c	48	5	1	91	55
12	b	46	5	1	92	60
13	q	46	5	1	94	65
14	a	44	5	1	95	70
15	s	44	5	1	96	75
16	t	42	5	1	97	80
17	g	40	5	1	98	85
18	l	32	5	1	99	90
19	h	30	5	1	99	95
20	m	28	5	1	100	100
21	合计	4 000	100			

步骤 3：进行 ABC 分类

根据库存商品 ABC 分类表中库存金额累计比例和品种累计比例，参考 A 类、B 类、C 类商品的分类原则，对库存商品进行分类，制作库存商品的 ABC 分类表，如表 5 - 12 所示。

表 5 - 12　库存商品的 ABC 分类表

序号	商品名称	库存金额（万元）	品种（%）	库存金额累计（%）	库存金额累计比例（%）	品种累计比例（%）	库存分类
1	f	1 200	5	30	30	5	A
2	i	1 000	5	25	55	10	
3	n	320	5	8	63	15	
4	e	280	5	7	70	20	
5	j	220	5	6	76	25	B
6	o	180	5	5	80	30	
7	k	160	5	4	84	35	
8	d	120	5	3	87	40	
9	p	70	5	2	89	45	

续表

序号	商品名称	库存金额（万元）	品种（%）	库存金额累计（%）	库存金额累计比例（%）	品种累计比例（%）	库存分类
10	r	50	5	1	90	50	
11	c	48	5	1	91	55	
12	b	46	5	1	92	60	
13	q	46	5	1	94	65	
14	a	44	5	1	95	70	
15	s	44	5	1	96	75	C
16	t	42	5	1	97	80	
17	g	40	5	1	98	85	
18	l	32	5	1	99	90	
19	h	30	5	1	99	95	
20	m	28	5	1	100	100	

步骤 4：绘制 ABC 分析图

以累计品名百分比数为横坐标，以累计资金占用额百分比数为纵坐标，按库存商品的 ABC 分类表中库存金额累计比例、品种累计比例两栏所提供的数据，在坐标轴上取点，连接各点即可绘成 ABC 曲线。

按 ABC 分析曲线对应的数据和 ABC 分析表确定 A、B、C 三个类别的方法，在图上标明 A、B、C 三类，即可制成 ABC 分析图。

【任务巩固】

某电商仓库的库存商品清单如表 5−13 所示，作为该电商仓库的电商物流专员，请你根据该库存商品清单填写表 5−14 的库存商品数据整理表和表 5−15 的库存商品的 ABC 分类表。

表 5−13　某电商仓库库存商品清单

商品名称	数量/箱	单价/元	库存金额/元
货物 1	20	50	1 000
货物 2	20	20	400
货物 3	20	16	320
货物 4	10	680	6 800
货物 5	12	280	3 360

续表

商品名称	数量/箱	单价/元	库存金额/元
货物 6	10	70	700
货物 7	25	60	1 500
货物 8	15	10	150
货物 9	30	5	150
货物 10	20	15	300

表 5－14　库存商品数据整理表

序号	商品名称	库存金额（元）	品种（%）	库存金额比例（%）	库存金额累计比例（%）	品种累计比例（%）
1						
2						
3						
4						
5						
6						
7						
8						
9						
10						
21	合计					

表 5－15　库存商品的 ABC 分类表

序号	商品名称	库存金额累计比例（%）	品种累计比例（%）	分类
1				
2				
3				
4				
5				
6				

续表

序号	商品名称	库存金额累计比例(%)	品种累计比例(%)	分类
7				
8				
9				
10				

任务三　开展电商出库作业

【任务展示】

晋职物流公司收到晋职光速商城的出库通知(具体如表 5-16 所示),晋职光速商城将于 2017 年 9 月 20 日到晋职物流公司仓库提取一批货物。作为晋职物流公司的电商物流专员,请你根据出库通知开展电商出库作业。

表 5-16　出库通知

晋职物流有限公司:

我司将于 2017 年 9 月 20 日到贵司仓库提取一批货物,请提前做好出库准备,具体货品如下:

序号	货品名称	型号	单位	数量	包装
1	联想机箱	T350	箱	50	纸箱
2	联想液晶电视	L197WA	箱	40	纸箱

提货司机:李四,电话:0595-8537777。

晋职光速商城

2017 年 9 月 18 日

【任务培训】

培训要点 1:货品出库的方式有哪些

货品出库有五种形式,分别是送货、收货人自提、过户、取样和转仓,具体如表 5-17 所示。

表 5-17　货品出库方式一览表

序号	出库方式	具 体 说 明
1	送货	仓库根据货主预先送来的出库通知或出库申请,凭仓单通过发货作业,把应发货品交由运输部门送达收货人,这种发货形式通常称为送货制。送货是物流中心出库作业的主要运作方式

续表

序号	出库方式	具体说明
2	收货人自提	这种出库形式是由收货人或其代理人持仓单直接到仓库提取货品,仓库凭单发货,这种发货形式通常称为提货制。它具有"提单到库,随到随发,自提自运"的特点。为明确交接责任,仓库发货人与提货人在仓库现场,对出库货品当面交接并办理签收手续
3	过户	过户是一种就地划拨的出库形式,货品虽未出库,但是所有权已从原存货户头转移到新存货户头。仓库必须根据原存货人开出的正式过户凭证,予以办理过户手续。日常操作时,往往是仓单持有人的转让,这种转让要经过合法手续办理
4	取样	取样是货主出于对货品质量检验、样品陈列等需要,到仓库提取货样而形成部分货品出库。货主取样时必须持有仓单,仓库也必须根据正式取样凭证才会发给样品,并做好账务登记和仓单记载
5	转仓	货主为了方便业务开展或改变储存条件,需要将某批库存货品自某仓储企业的甲库转移到该企业的乙库,折旧是转仓的发货形式。转仓时货主必须出示仓单,仓库根据货主递交的正式转仓申请单,给予办理转仓手续,并同时在仓单上注明有关信息资料。转仓只是在同一仓储企业不同仓库进行。若需要从 A 企业的某仓库将货品转移到 B 企业的某仓库,应该办理正常的出库和入库手续

培训要点 2:物品出库的具体要求有哪些

物品出库的具体要求可以归纳为:"三不、三核、五检查",具体如图 5‑20 所示。

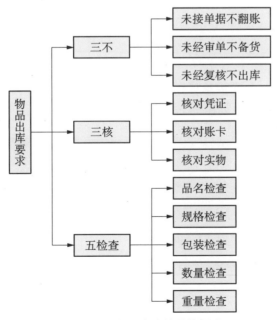

图 5‑20　物品出库的具体要求

培训要点 3：出库作业流程是什么

不同仓库在货品出库的操作程序上会有所不同,操作人员的分工也各不相同,但就整个发货作业的过程而言,一般都是跟随着货品在库内的流向,或出库单的流转而形成各工种的衔接。出库作业流程具体如图 5-21 所示。

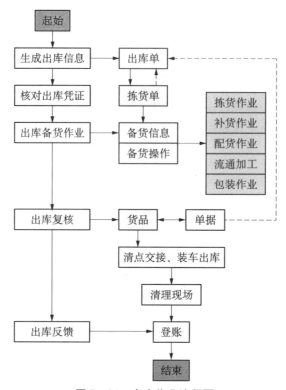

图 5-21　出库作业流程图

【任务执行】

步骤 1：生成出库信息

根据客户的出库通知,仓库信息员在 WMS 系统中选择"出库订单",如图 5-22 所示,然后单击界面下方的"新增"按钮,如图 5-23 所示。

图 5-22　订单管理界面

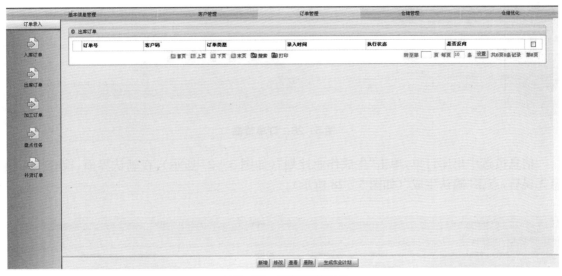

图 5‒23　新增出库订单

　　分别在"订单信息"(如图 5‒24 所示)、"订单出库信息"(如图 5‒25 所示)、"订单货品"(如图 5‒26 所示)中填入相应的信息,货品选择完毕后单击"保存订单"即可保存。

图 5‒24　订单信息

图 5‒25　订单出库信息

图 5-26　订单货品

信息员选中出库订单,单击"生成作业计划"(如图 5-27 所示),在确认界面,检查出库信息无误后,点击"确认生成"(如图 5-28 所示)。

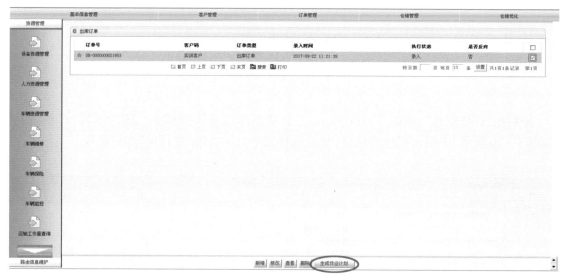

图 5-27　生成作业计划

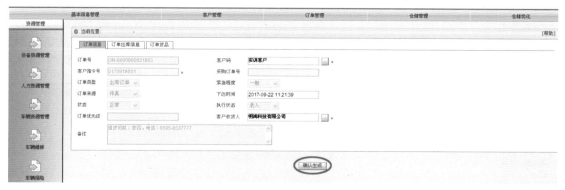

图 5-28　确认生成

在 WMS 系统中选择"出库单打印"(如图 5-29 所示),打印出库单(如图 5-30 和图 5-31 所示)。

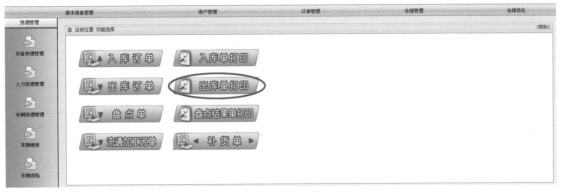

图 5-29 出库单打印

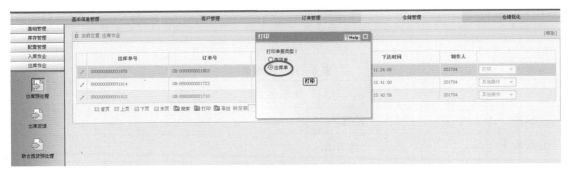

图 5-30 打印出库单

图 5-31 出库单

步骤 2：核对出库凭证

提货人员将提货单（如表 5-18 所示）交给仓管员，仓管员在核对出库单（如表 5-19 所示）及提货单时，主要核对出库货品、规格、数量及提货时间等基础信息，具体内容如下：

（1）核对提货单是否应从本仓库出货。

（2）提货单上必须有客户方的红色印章或负责人的签字。

（3）核对出库单上的提货人信息与提货单上的是否为同一人。

（4）出库单上的出库日期和提货单上的提货日期是否一致。

表 5-18　提货单

提货单							
提货单位				提货单号			
提货仓库				仓库地址			
提货方式				提货日期			
序号	货物编号	货物名称	规格型号	单位	数量	金额	备注
1							
2							
3							
4							
制单人			负责人			提货人	

表 5-19　出库单

出库单							
客户			提货人				
出库单号			出库日期				
货物编号	货物名称	单位	应出数量	实出数量	规格	货位号	备注
合计							
制单人签名		仓管员签名			提货人签名		

步骤 3：出库备货作业

利用手持终端进行货位查找，利用叉车完成相关货品的拣取，并将货品集中到发货区。

（1）操作员利用手持终端，登录手持终端的仓储作业系统，点击界面中的"出库理货"，再点击列表中的"开始"操作：

① 点击"出库拣货"，进入出库拣货作业界面；

② 使用手持扫描待出库的托盘标签，系统提示待下架的托盘货品及数量；

③ 点击"确认拣货"，下架该托盘，如图 5-32 所示。

图 5-32　出库下架

（2）仓管员利用液压托盘车将操作员下架的货物运送至发货区，完成出库备货作业，如图5-33 所示。

图 5-33　库内搬运

步骤 4：出库复核

为避免出库商品出错，备货后应进行出库复核。复核主要有三种方法，即专人复核、保管员互核和自我复核。复核的内容包括：名称、规格、型号、批次、数量和单价等项目。复核结束后，复核员要填写出库复核记录表（如表 5-20 所示）。

表 5-20　出库复核记录表

单号				日期				
序号	货物名称	出库数量	单位	提货单位	发货人	质量情况	复核人	备注
1								
2								
3								

序号	货物名称	出库数量	单位	提货单位	发货人	质量情况	复核人	备注
4								
5								
6								
7								
8								
9								
10								
	合计							

制单员：　　　　　仓管员：　　　　　仓库主管：

步骤 5：清点交接、装车出库

出库商品经复核后，要与提货人员进行清点交接。清点交接完成后，由保管员在出库单上填写数量，并签字；再由提货人员在出库单和提货单上签字确认。完成这些手续后，即可装车出库。

步骤 6：清理现场

商品出库后，有的货垛被拆开，有的货位被打乱，有的现场还留有垃圾或杂物。保管员应根据储存规划要求，对剩余商品进行并垛或挪位，并及时清扫发货现场，保持清洁整齐，腾出新的货位和库房，以备新的入库商品使用；清查发货的设备和工具有无丢失或损坏等。同时，一批商品发完后，要收集整理该商品的出入库情况，保管保养情况及盈亏数据等情况，然后存入商品档案，妥善保管，以备查用。

步骤 7：出库反馈、登账

仓管员进行出库反馈，并办理销卡和登账手续，填写货卡（如表 5-21 所示）和货物出入库明细账（如表 5-22 所示）。

表 5-21　货卡

货物名称			规格		单位		
年			摘要	收入数量	发出数量	结存数量
月	日					

表5-22 货物出入库明细账

货物出入库明细账		卡号	
		货主名称	
		货位	

品名		规格型号	
计量单位		供应商单位	
应收数量		送货单位	
实收数量		包装情况	

___年			入库数量	出库数量	结存数量	备注	货物验收情况
___月___日	收发凭证号	摘要	件数	件数	件数		

【任务巩固】

训练任务1：制作流程图及工作表单

使用 Excel 及相关软件制作如本项目图5-21所示的"出库作业流程图"和出库工作相关表单（包括表5-18的提货单、表5-19的出库单、表5-21的货卡、表5-22的货物出入库明细账）。

训练任务2：进行出库作业实训

将训练任务1制作的表单打印出来，并带到仓储配送实训中心，按照出库作业的流程开展电商货物出库作业实训。

项目六 电子商务环境下的快递业务

任务一 了解电子商务快递流程

【任务展示】

晋职物流有限公司收到合作电商企业——晋职光速商城发来的取派通知单,如表6-1所示。作为晋职物流公司的电商物流专员,请你根据该取件通知单开展快递订单信息处理和取件配载作业。

表6-1 取派通知单

晋职物流有限公司:

我公司现有一批产品需要取派,请及时安排,产品具体信息如下:

序号	货号	货物名称	型号	单位	数量	包装	收货地址	联系人	电话
1	4356	自拍杆	TL467	个	1	纸箱	广州市××	刘二	136××
2	1357	耳机	AM115	副	1	纸箱	东莞市××	李四	138××
3	6784	充电线	AZB9	个	2	纸袋	阳江市××	张山	139××
4	8894	手机壳	小米5	个	2	纸箱	北京市××	关少	183××

请在2018年9月21日完成取件。联系人:张三,电话:0595-85387745。

晋职光速商城

2018年9月20日

【任务培训】

培训要点1: 什么是取件作业

快递是指承运人将文件或货物从发件人所在地通过承运人自身或代理的网络送达收件人手中的一种快速的运输服务方式。取件是快递流程中的一个环节,指快递工作人员从发件方处把货取走,准备发货的作业过程。

培训要点2: 如何开展取件作业

取件作业的流程如图6-1所示,接到电商取件通知后,首先应当进行取件信息处理,接下来是对取件货物进行配载,然后使用运输车辆将验收合格的货品装到取件的运输车辆上,把货物运回营业网点后再办理相关的快递手续。

图 6-1　取件作业流程

培训要点 3：从卖家发货到买家收货，货物是如何流转的

从卖家发货到买家收货的整个过程中，从取件员收件开始，货物要经过取件地营业网点、分拨中心、配送区域营业网点、派件员来流转，如图 6-2 所示。

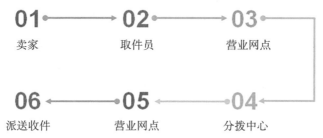

图 6-2　货物流转过程示意

培训要点 4：认识快递管理软件

快递管理软件是面向货运快递公司的一套强大、高效的管理系统。在包裹的投递过程中，客户可以随时在该系统上追踪订单的状态，系统还有灵活的结算方式可供客户选择。快递管理软件通常具备以下特点：

（1）存储和管理所有与快递公司的业务流程相关的信息。

（2）自动收取和存储客户发送的订单信息。

（3）安排取件时间并显示递送状态。

（4）可以调配送货司机、管理包裹、管理线路、手动输入取件、帮助定价。

（5）允许中心办公室给不同的司机分配或重新分配停靠站；允许管理者通过电话来接收订单。

（6）设置包裹的状态，例如：新加入的、已收件、已分类、在路上、寄送中、没有寄送、丢失、找到了、关闭、取消和拒绝签收等。

培训要点 5：快递实名制

快递实名制的具体操作是：寄快件时需要寄件人出示身份证、登记个人信息，然后快递业务员将寄件人身份证号码和手机号录入电脑上接受公安部门监控的特殊软件中。2012 年 2 月 23 日，国家邮政特快专递（EMS）率先推行实名制。2015 年 11 月 1 日，快递实名制登记正式开始在全国范围实施。

培训要点 6：B2B 模式下的第三方物流

B2B 是企业与企业进行电子商务合作的模式，主要包括：上游供应商和下游采购商的合作、上游企业为下游提供生产加工服务、下游和上游进行加盟生产代理合作以及企业之间进行大宗商品交易服务如市场行情的数据分析购买等。B2B 模式下第三方物流的运作如图 6-3 所示。

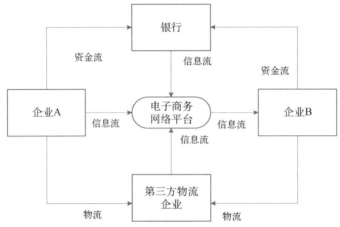

图 6－3　第三方物流在 B2B 模式下的应用模型

培训要点 7：B2C 模式下的第三方物流

B2C 模式电子商务活动的主体是企业和消费者个人。在 B2C 模式下，第三方物流是很重要的一个环节，B2C 中交易的买方是消费者。消费者对于物流的配送的最大要求全部围绕产品。他们要求发货快、无物流损坏，对服务质量以及快递服务人员态度都有一定的要求。对于企业运用第三方物流模式是否会提高工作效率和产品质量、是否会增加生产成本等，消费者是完全不关心的。因此在 B2C 模式中，第三方物流发挥的正面作用并没有在 B2B 环境中的大。B2C 模式下第三方物流的运作如图 6－4 所示。

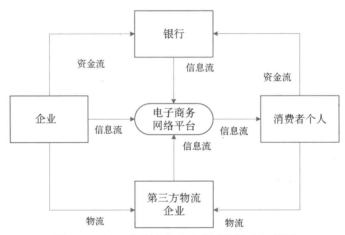

图 6－4　第三方物流在 B2C 模式下的应用模型

培训要点 8：C2C 模式下的第三方物流

C2C 模式的主体是个人买家和个人卖家。在 C2C 模式下，个人买家和个人卖家自身没有便利的物流资源，他们通过网络技术完成交易谈判和电子结算后，必须依靠第三方物流完成电子商务中的运输环节。在该模式下第三方物流的运作如图 6－5 所示。

C2C 不同于 B2B 和 B2C 模式，它的交易两端是完全不知名的个人，C2C 交易无法依赖自建物流模式或者物流联盟的模式，它的商品流通必然要依靠于第三方物流甚至是第四方物流。第三方物流在 C2C 模式中将会发挥非常重要的作用同时也承担了比在 B2B 以及 B2C 模式下更大的风险。

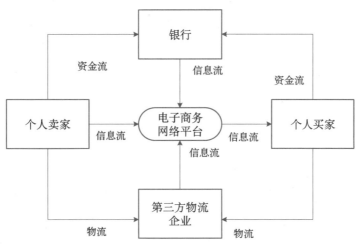

图 6-5　第三方物流在 C2C 模式下的应用模型

【任务执行】

步骤 1：取件信息处理

1. 新增快递订单

登录快递管理软件，结合客户的相关需求选择订单模式。

2. 录入订单信息

根据客户的订单录入相应的收发货信息。

3. 打印快递单

在快递管理系统中，选择"快递单模板"后，系统会自动生成对应的快递运单，然后单击"打印快递单"将运单打印出来。

步骤 2：进行取件配载

1. 准备合适的车辆

根据当天需要取件货物的体积选择合适的运输车辆。

2. 进行配载

根据货物的包装尺寸及包装特点进行配载，并准备装卸工具。如图 6-6 所示。

图 6-6　进行配载

3. 货物装车的规则

(1) 按照线路规划的远近,送货距离远的先装,送货距离近的后装。

(2) 重货物装在下面,轻的在上面。

(3) 同一个客户的装在一起。装货堆码时尽量方向相同,直到堆码完成。

 【任务巩固】

根据所学的快递流程知识,完成如表 6-2 所示的订单信息处理和取件配载作业。

表 6-2　取派通知

晋职物流有限公司:

我公司现有一批产品需要发货,请安排取派,产品具体信息如下:

序号	货号	货物名称	型号	单位	数量	包装	收货地址	联系人	电话
1	5233	墨盒	MP145	个	10	纸箱	广州市××	刘二	136××
2	6744	A4 纸	16 MM	本	20	纸箱	东莞市××	李四	138××
3	7799	台历	风景画	本	50	纸箱	阳江市××	张山	139××
4	8200	眼镜盒	明朗	个	100	纸箱	北京市××	关少	183××

请在 2018 年 9 月 22 日完成取件。联系人:张三,电话:0595-85387745。

晋职光速商城

2018 年 9 月 21 日

任务二　开展快递运单作业

 【任务展示】

根据表 6-3 的取派信息完成快递运单作业。

表 6-3　取派信息

寄件人:陈生
单位名称:星豪大酒店
电话:020-3344567
地址:广州市白云区嘉禾新科工业区鹤龙二路 1121 号
收件人:廖芸
电话:13345678910
单位名称:星艺会展有限公司
地址:广州市琶洲会展中心 C 区 1121 档

电话：13789334568
总件数：1
邮编：510000
内件品名：会展资料
付款方式：寄件人付
是否保价：否

 【任务培训】

培训要点1：快递运单的内容有哪些

（1）收寄地：填写收寄本单快件的站点名称，一律按物流公司规定的站名填写。（如深圳福田区的快件，填写收寄地时应写明福田而不光只有深圳）。

（2）收寄日期：指外务员在收寄快件时的具体时间，应精确到分钟。

（3）电话（非常重要）：应填写寄件公司电话，必须由寄件方提供，便于取得联系。

（4）寄件人（公司）：应填写寄件公司名称，如业务发生方为个人，可以填写寄件人姓名。

（5）地址：填写寄件人的地址，要求填写尽可能详细。

（6）联系人：便于寄件站与发件客户取得联系和派件站与收件客户取得联系。

（7）目的地：填写递送本单快件的站点名称，一律按物流公司规定的站名填写（如东莞虎门镇的快件，填写目的地时应写上虎门而不是东莞）。

（8）统一编号：如果是境外件，一定要客户认真、准确填写统一编号，业务发生方为个人可以填写收件人身份证号码，不过对应的是收件人还必须提供全名。

（9）电话（非常重要）：应填写收件客户电话，必须要寄件客户准确提供，便于派件站与收件客户取得联系。

培训要点2：快递单一共有几联

快递运单一般有三至五联不等，通常用得较多的是五联单，五联快递运单的作用分别如下：

第一联是名址联，也就是客户寄送地址与收件地址的填写联，一般这第一联写上后其他四联就会复印上你所填写的信息。

第二联是发件联，一般是客户留存的，以备查单使用。

第三联是操作联，由收件快递员留存，以备信息录入使用。

第四联是签收联，即派件快递员派件完成后签字回收的备用联。

第五联是收件联，收件方收件后粘贴在邮件上的信息栏中。

培训要点3：快递单作用有哪些

（1）发货的凭证。

（2）发货人与快递公司的运输合同。

（3）货物收据。

（4）货物流转的单据。

（5）对账的凭据。

（6）索赔的单据。

【任务执行】

根据表6-3的取派信息,完成快递运单的录入和打印。

步骤1:登录快递管理软件,录入信息

登录快递管理软件,录入以下信息。

（1）**寄件人姓名、电话**:详细填写寄件人姓名、有效的联系电话。

（2）**寄件人单位名称**:详细填写寄件人的单位名称,如是个人住址,则无须填写。

（3）**寄件人地址**:详细填写寄件人单位或个人住址、邮政编码,如有用户代码,也需填写（可保证邮件安全及迅速地传递）。

（4）**内件分类**:此栏是注明邮件的内件性质。

（5）**内件品名**:此栏是注明内装物品的具体名称。

（6）**数量**:此栏是注明内装物品的具体数量。

（7）**保价栏**:如需保价,请选择此项并注明需保价的金额,最高不应超过10万元人民币。

（8）**交寄人签名**:请交寄人确认所填写内容,认可详情单背面使用须知后签名。

（9）**收件人姓名、电话**:详细填写收件人姓名、有效的联系电话。

（10）**收件人单位名称**:详细填写收件人的单位名称,如寄往收件人个人地址,则无须填写。

（11）**收件人地址**:详细填写收件人的单位或个人地址、邮政编码及相应的城市名（可保证邮件安全及迅速地传递）。

（12）**收件人签名**:收到邮件时请签名（章）确认并填写具体收到邮件的日期、时间。若是他人代签收,签名（章）后,还需注明有效证件名称、号码和代收关系。

步骤2:打印快递单

以申通快递运单为模板,打印快递单,如图6-7所示。

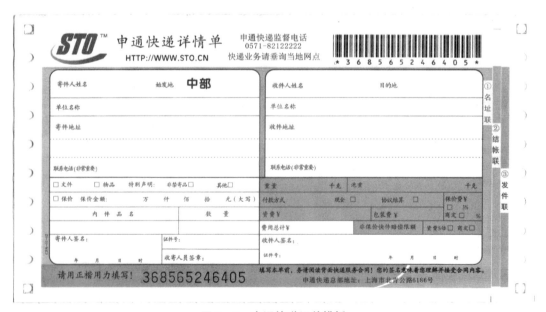

图6-7 申通快递运单模板

【任务巩固】

根据表6-4的取派信息,完成快递运单的录入和打印。

表6-4　取派信息

寄件人:张三
单位名称:广兴塑料制品厂
电话:020-88888888
地址:广州市白云区黄石西路1121号
收件人:李四
电话:13845678910
单位名称:兴发日用品有限公司
地址:广州市解放南路1123号
电话:13789334568
总件数:100
邮编:510000
内件品名:塑料制品
付款方式:寄件人付
是否保价:否

任务三　开展快递包装作业

【任务展示】

根据表6-3的取派信息完成快递包装作业。

【任务培训】

培训要点1:商品包装的分类有哪些

● **按包装在流通中的作用分类**

以包装在商品流通中的作用作为分类标志,可分为运输包装和销售包装,如图6-8所示。

图6-8　按包装在流通中的作用分类

1. 运输包装

运输包装是用于安全运输、保护商品的较大单元的包装形式，又称为外包装或大包装。例如，纸箱、木箱、桶、集合包装、托盘包装等。运输包装一般体积较大，外形尺寸标准化程度高，坚固耐用，广泛采用集合包装，包装表面都印有明显的识别标志，主要功能是保护商品，方便运输、装卸和储存，如图6-9所示。

图6-9　运输包装

2. 销售包装

销售包装是指所容商品为一个销售单元的包装形式，或若干单体商品组成一个小的整体的包装，亦称为内包装或小包装，如图6-10所示。销售包装的特点一般是包装件小，对包装的技术要求美观、安全、卫生、新颖、易于携带，印刷装潢要求较高。销售包装一般随商品一同销售给顾客，主要起着直接保护商品、宣传和促进商品销售的作用，同时，也有保护优质名牌商品以防假冒的作用。

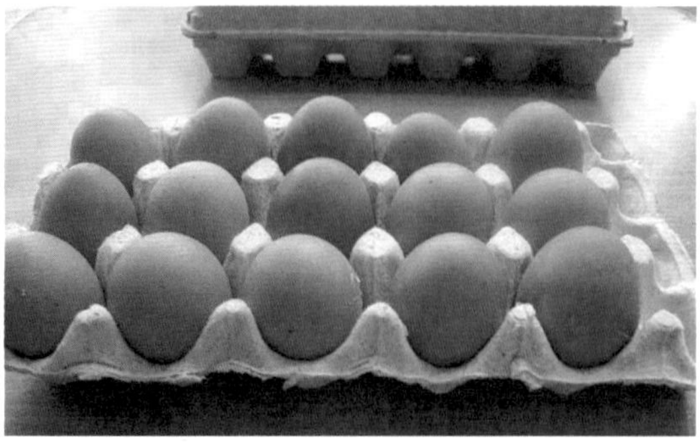

图6-10　鸡蛋销售包装

● **按包装材料分类**

以包装材料作为分类标准,商品包装一般有纸板、木材、金属、塑料、玻璃和陶瓷、纤维织品、复合材料等包装,如图 6-11 所示。

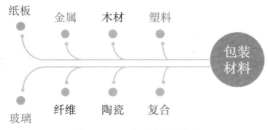

图 6-11 包装材料分类

1. **纸制包装**

纸制包装是指以纸为原料制成的包装。它包括纸箱、瓦楞纸箱、纸盒、纸袋、纸管、纸桶等。在现代商品包装中,纸制包装仍占有很重要的地位。

2. **市制包装**

木制包装是指以木材、木材制品和人造板材(如:胶合板、纤维板等)制成的包装。主要有:木箱、木桶、胶合板箱、纤维板箱和桶、木制托盘等。

3. **金属包装**

金属包装是指以黑铁皮、白铁皮、马口铁、铝箔、铝合金等制成的各种包装。主要有:金属桶、金属盒、马口铁及铝罐头盒、油罐、钢瓶等。

4. **塑料包装**

塑料包装是指以人工合成树脂为主要原料的高分子材料制成的包装。主要的塑料包装材料有聚乙烯(PE)、聚氯乙烯(PVC)、聚丙烯(PP)、聚苯乙烯(PS)、聚酯(PET)等。塑料包装主要有:全塑箱、钙塑箱、塑料桶、塑料盒、塑料瓶、塑料袋、塑料编织袋等。从环境保护的观点来看,使用时应注意塑料薄膜袋、泡沫塑料盒造成的白色污染问题。

5. **玻璃与陶瓷包装**

玻璃与陶瓷包装是指以玻璃与陶瓷制成的包装。这类包装主要有:玻璃瓶、玻璃罐、陶瓷罐、陶瓷瓶、陶瓷坛、陶瓷缸等。

6. **纤维制品包装**

纤维制品包装是指以棉、麻、丝、毛等天然纤维和以人造纤维、合成纤维的织品制成的包装。主要有麻袋、布袋、编织袋等。

7. **复合材料包装**

复合材料包装是指以两种或两种以上材料粘合制成的包装,亦称为复合包装。主要有纸与塑料、塑料与铝箔和纸、塑料与铝箔、塑料与木材、塑料与玻璃等材料制成的包装。

培训要点 2:常用的快递打包工具

1. **胶带切割器**

它的作用是在快递封箱的时候,用来切割透明胶带,如图 6-12 所示。

2. **美工刀**

美工刀的用途广泛,既可以用来开箱,也可以用来切割透明胶带,如图 6-13 所示。

图 6-12　胶带切割器　　　图 6-13　美工刀

3. 手动打包机

　　这是使用手动操作的分体式工具,手动拉紧器配合手动咬口器使用,主要用于打包带的收紧、固定与剪断,如图 6-14 所示。

图 6-14　手动打包机

4. 自动封箱机

专为电商打包设计的封箱机,多种型号的纸箱都可以使用,如图 6-15 所示。

图 6-15　自动封箱机

培训要点3：快递物流商品打包的技巧以及注意事项

1. 易变形、易碎的产品

（1）包装时要多用些报纸、泡沫塑料或者泡绵、泡沫网，这些东西重量轻，而且可以缓和撞击。

（2）一般易碎怕压的东西四周都应用填充物进行充分填充。这些填充物也比较容易收集，比如包水果的小塑料袋、平时购物带回来的方便袋、水果外面的泡沫软包装以及一些买电器带回来的泡沫塑料等。

（3）尽量多用聚乙烯的材料而少用纸壳、纸团，因为纸要重一些，而塑料的膨胀效果好，自身又轻，如图6-16所示。

图6-16　泡沫箱

2. 衣服、皮包、鞋子类产品

（1）这类产品在包装时可以用不同种类的纸张（牛皮纸、白纸等）单独包好，以防止脏污。如果要用报纸的话，里面还应加一层塑料袋。

（2）遇到形状不规则的商品，如皮包等，可预先用胶带封好口，再用纸包住手提带并贴胶带固定，以减少磨损，如图6-17所示。

3. 首饰类产品

首饰类产品一般都需要附送首饰袋或首饰盒，选择包装要看首饰的价格以及利润空间，通过精美的首饰盒包装可以让你的服务显得更贴心。

4. 液体类产品

图6-17　皮包的打包处理

邮寄液体类产品时，先用缓冲物（应具备可吸收液体的属性，如棉花团等）裹好，再用胶带缠好。在包裹时一定要封好割口处，可以用透明胶带使劲绕上几圈，然后再用缓冲物整个包住，可以包厚一点，最后再包一层塑料袋，这样即使液体漏出来也会被吸收，并有塑料袋做最后的保护，不会流到纸盒外面污染到别人的包裹，如图6-18所示。

5. 书刊类

书刊类商品通常的都是牛皮纸，具体打包步骤如下：

（1）首先在平整、无靠背的椅子或桌子上铺好包书纸。一般的书排成四摞，称作"四脚包"。

图6-18　液体类包装

（2）将书包好后，几处交接的地方应用透明胶带缠绕、加固。

（3）然后按图6-19所示绕绳子，每一步尽量用力拉紧。

（4）绳子最后的打结方式最好是活结，易于解开。

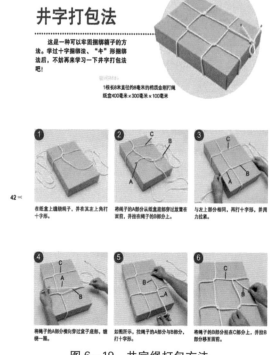

图6-19　井字绳打包方法

6. 贵重的精密电子产品

贵重的精密电子产品，包括手机、电脑显示屏等。

（1）在对这类产品进行包装时，可以用泡绵、气泡布、防静电袋等包装材料把物品包装好，用瓦楞纸在商品边角或者容易磨损的地方加强包装保护。

（2）用填充物（如：报纸、海绵或者防震气泡布这类有缓冲效果的材料）将纸箱空隙填满，这些填充物可以阻隔外包装与商品本身，起到支撑商品，分散撞击力的作用，避免物品在运输过程中颠簸受损。

7. 易腐烂货物

在货运过程中，对于如海鲜、肉类、水果、奶类等生鲜产品，以及医药化学品的保鲜是至关重要的。只要能适当选用保温和冷冻材料，便可把产品全程控制在指定的温度内，并维持产品冷冻的状态或避免出现结冰情况，减轻短暂气温变化给产品带来的不良影响。

（1）使用保温材料，以降低热力经包装箱传导。最常见的保温材料有聚苯乙烯泡沫（EPS）、硬质聚氨脂泡沫塑料、反光薄膜等。

（2）包装货件，以确保货物能承受转移时可能摆放于不同方向；采用可保持产品处于指定温度范围内的冷冻材料。如需维持货品于0℃（32F）至16℃（60F）之间，应使用啫喱状冷冻剂。如为冷冻产品，应使用干冰，且使用内层最少有一英寸厚的泡沫塑料保温包装箱。

（3）将会融化、融解的易腐烂产品、或包含液体的货件，装入最少2毫米厚的防漏塑料袋内；

再将泡沫塑料包装箱装入坚固的外包装箱内;建议包装易腐烂产品时预估运送需时最少30小时。

8. 植物

运送植物前,应将它们固定于包装箱内。如植物在箱内移位,可能导致植物茎部和叶子折损,因此需要使用瓦楞纸板间隔锁定盆栽位置。盆内的泥土亦需要妥善装好。将盆栽装入塑料袋内,然后固定好植物的茎部。如植物并无单一主干,可用纸张隔开叶子和泥土,并固定花盆。

【任务执行】

步骤1:根据货物选择合适的包装

1. 根据商品性质选择合适的包装材料

请根据如表6-5所示的商品信息,选择合适运输的包装材料。

表6-5　商品信息

商品名称	塑料小盆	数量	100个
货物尺寸	高8 cm,直径10 cm	货物总毛重	60 kg
备注	可以叠装	运输性质	同城快递

2. 根据货物尺寸选择合适的包装容器

现场有尼龙袋、瓦楞纸箱、透明胶带、尼龙绳、填充物若干,具体如表6-6所示,根据货物尺寸选择合适的包装容器。

表6-6　包装材料信息

商品名称	规格	数量	单位
尼龙袋	长50 cm,宽20 cm	5	个
瓦楞纸箱	长20 cm,宽12 cm	10	个
尼龙绳	长100 cm,宽1 cm	2	根
透明胶带	长1 000 cm,宽5 cm	2	卷
填充物	旧报纸	10	张

3. 打包封箱

将脸盆叠装后装入相应的包装容器后,注意用填充物填满商品与外包装之间的空隙,以防挤压和破裂,最后用透明胶带封住箱口。

4. 黏贴快递单

打包完毕后,把打印好的快递单黏贴到外包装上。

【任务巩固】

根据表6-7商品性质和表6-8的包装材料信息完成商品的包装。

表 6-7 商品信息

商品名称	数量（单位）	规格尺寸	总毛重
台灯	10 盏	10×8×25（cm）	60 kg
笔记本电脑	20 台	14 寸	30 kg
五金配件	100 个	直径 5 cm,高 2 cm	100 kg

表 6-8 包装材料信息

商品名称	规格	数量	单位
尼龙袋	长 50 cm,宽 20 cm	5	个
瓦楞纸箱	长 20 cm,宽 12 cm	10	个
尼龙绳	长 100 cm,宽 1 cm	2	根
封箱胶	长 1 000 cm,宽 5 cm	2	卷
填充物	旧报纸	10	张

任务四　开展快递取派作业

 【任务展示】

承前所述,晋职物流有限公司已经完成晋职光速商城的取件作业,现在开展派送签收作业。具体取派信息见表 6-9 所示。

表 6-9 取派信息

寄件人：张三
单位名称：广兴塑料制品厂
电话：020-88888888
地址：广州市白云区黄石西路 1121 号
收件人：李四
电话：13845678910
单位名称：兴发日用品有限公司
地址：广州市解放南路 1123 号
电话：13789334568
总件数：100
邮编：510000
内件品名：塑料制品
付款方式：寄件人付
是否保价：否

【任务培训】

培训要点1：派件前工作准备

1. 单证准备

派件应备好如下单证：工作证（上岗证）、收据或发票、零钱、身份证、行车证件。

2. 交通工具及相关工具准备

确认交通工具的工作状况良好。确保交通工具的清洁，防止污染快件。准备一把纸刀，便于将包裹上的面单完整地取下。

3. 个人仪容仪表准备

穿着整洁干净的工作服，佩戴工牌。整好自己的仪容、仪表，调整好自己的心态和情绪，如图6-20所示。

4. 业务准备

阅读网点内部宣传栏，掌握公司新的业务动态及相关操作通知。清楚与自己相关的工作安排（由指定相关人员安排），并做好相应的准备。

图6-20 整装待发的快递员

培训要点2：快件交接

（1）仓管员将快件交接给派送的业务员（点数交接），数量确实多的，可以当着业务员的面，逐票扫描。

（2）业务员清点快件数量并核对是否有外包装破损、错分件、地址错误、超范围、件数明显有误、到付价格明显有问题等异常快件。

（3）数量确认无误后交接，双方在"派件表"上签名确认。

培训要点3：快件运输

（1）业务员根据所接收快件的派送地址，结合自己所管辖的服务区域，合理安排派送线路。

（2）根据派送线路，将快件按顺序整理装车，如图6-21所示。

图6-21 快递装车

培训要点4：抵达派送地点

（1）收件地址为非常规企业办公场所（如宾馆、学校、私人住宅等）业务员在上门派件前须电话联系客户，确认客户地址并预约派送时间。如果是到付件，致电客户，确认客户愿意支付后，再予以派送。

（2）妥善放置交通工具，确保交通工具的安全，且不得阻碍他人，不违章停放。

（3）妥善放置其他尚未派送的快件，禁止将快件单独放置无人看管的地方。

（4）到达客户处，进门前整理好个人仪容仪表。

（5）派件前需主动表明身份，并出示工牌，说明来访目的。

（6）如客户公司需要求办理相关出入登记手续的，应主动配合并及时归还客户的相关证明，如：来访证、临时通行证等。

培训要点 5：客户签收

（一）客户签收快件（如图 6－22 所示）

1. 收件客户本人签收

收件人本人签收快件时，应核实收件客户身份，提醒客户当面检查快件外包装，验收快件（原则上不可同意开包验收）。验收无误后，请客户在运单的"收件人签收"栏内亲笔签名或者盖章，确保签名或盖章清晰可辨。

对于客户签名无法辨认或辩论困难的，业务员须礼貌地向客户咨询全名，并使用正楷字体填写在"收件人签收"栏下面，便于输单员进行签收录入。

2. 非收件客户本人签收

在非本人签收快件时，必须查看代收人的有效证件，以核实身份。确认代收人身份后（最好能与收件客户电话确认），提醒代收人当面检查验收快件。

验收无误后，请代收人在运单"收件人签收"栏内亲笔签名或者盖章，确保签名或者盖章清晰可辨，同时须在备注栏内注明"代收"字样。

对于客户签名无法辨认或辨认困难的，业务员须礼貌地向客户询问全名，及与收件人的关系，并使用正楷字体填写在"收件人签收"栏下面，便于输单员进行签收录入。

3. 拒收处理

如果客户拒绝签收快件（如出现外包装破损、拒付、拒收等情况，应按公司规定的"派送异常情况处理流程"进行处理），向客户做好解释，并收回快件，及时将相关情况上报给公司话务部，并在快件上注明客户拒收的原因。

图 6－22　快递签收

4. 运费结算

（1）采用到付现结的方式，即当场同客户用现金结清运费。

（2）采用到付月结的方式，即与协议客户按月结算。

（3）将快件交给客户。

（4）整理回单。

培训要点 6：交单交款

（1）业务员整理好回单及未妥投的件，将其与"派件表"进行核对，并在"派件表"上对未妥投件注明未妥投的原因。

（2）将回单、未妥投件、"派件表"一起交给仓管员，仓管员当面核对无误后在"派件表"上签字确认，由仓管员对未妥投件进行未妥投件入库扫描操作。

（3）所有款项应在规定的时间内上缴公司。

培训要点 7：派送时效

末端操作耗时必须在四小时内完成，即从分发扫描的时间开始算到快件到达客户手上的时间止。

 【任务执行】

步骤 1：根据取派信息派送上门

出发前确保通信工具工作正常，信息收取、沟通渠道畅通，确认工作所需的工具和物料（快递单、笔、纸刀等）携带齐备。

步骤 2：快件出仓交接

仓管员用手持 RFID 扫描出仓，快递员核对数量和信息。确认所派送快件是否存在外包装破损、错分件、地址错误、超范围。交接双方在"派件表"上签名确认。

步骤 3：快件运输

派件员应当了解负责区域内的道路名称、门牌号码分布、交通状况和限速路段等情况。对任一派送地点至少掌握两条可以到达的线路，合理规划时间，必须确保在公司派送时效内送达，同时也要确保人身和快件安全。

步骤 4：至客户处

派件员至客户处应主动出示工牌，表明身份及来意，消除客户疑虑，加深客户印象，维护良好的公司形象。

步骤 5：客户签收

确认签收人为运单上注明的收件人，签收前必须提醒客户检查快件外包装，确认无异议再让收件人在"收件人签收"栏中签名或盖章。

步骤 6：交单交款

确认回单与"派件表"数量一致，回到营业网点交给仓管员，由仓管员在"派件表"上签字确认。

 【任务巩固】

根据表 6-10 的取派信息，5 人为一组（分工：寄件人、取件员、仓管员、派件员、收件人）完成快递运单的取派作业。

表 6-10　取派信息

寄件人：陈磊
单位名称：杭州油伞厂
电话：0512-88888888

地址：杭州市西湖路 1121 号
收件人：陈英
电话：13845678910
单位名称：旺达百货有限公司
地址：广州市东晓南路 134 号
电话：13789334568
总件数：200
邮编：510000
内件品名：油伞
付款方式：寄件人付
是否保价：否

项目七 电子商务环境下的新型物流

任务一 了解电商第四方物流

【任务展示】

以小组为单位,大家分工协作通过上网查找两家知名第四方物流企业的相关资料,并将查找的内容整理后填入表7-1,并讨论第四方物流和第三方物流有何区别,最后每组派一名代表上台进行分享。

表7-1 知名第四方物流企业相关资料

序号	公司名称	发展愿景	发展使命	产品及服务
1				
2				

【任务培训】

培训要点1:什么是第一方物流

第一方物流是指需求方(生产企业或流通企业)为满足自己企业在物流方面的需求,由本身完成或运作的物流业务。

培训要点2:什么是第二方物流

第二方物流是指供应方(生产厂家或原材料供应商)自己组建专业物流企业,为客户提供运输、仓储等单一或某种物流服务的物流业务。

培训要点3:什么是第三方物流

第三方物流(Third Party Logistics,TPL)是由物流劳务的供方、需方之外的第三方去完成物流服务的物流运作模式。

培训要点4:什么是第四方物流

第四方物流(简称4PL)通常是一个供应链的集成商,一般情况下是当地政府为促进地区物流产业发展领头搭建第四方物流平台,提供信息共享及信息发布服务,是供需双方及第三方物流的领导力量。它不是物流的利益方,而是通过拥有的信息技术、整合能力以及其他资源提供一套完整的供应链解决方案,以此获取一定的利润。它帮助企业降低成本和有效整合资源,并且依靠优秀的第三方物流供应商、技术供应商、管理咨询以及其他增值服务商,为客户提供独特的或广泛的供应链解决方案。

培训要点5:第四方物流的优势

第四方物流公司以其专业的知识、信息和经验为基础,根据客户的要求,提供物流系统优化和设计方案等一整套完整的物流系统咨询服务,具体优势如图7-1所示。

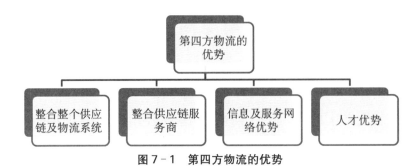

图7-1　第四方物流的优势

（1）由于第三方物流在战略规划、技术集成及全球拓展能力等方面存在一定的局限性,特别是缺乏对整个供应链及物流系统的整合规划能力。恰好第四方物流能够很好地解决这一个问题,形成具有自身特色的核心竞争力,不断降低客户物流成本,为客户创造更多价值。

（2）第四方物流能够依靠自身的优势发挥物流服务提供商的领导作用,整合优秀的第三方物流服务提供商、咨询管理服务提供商和电子商务服务提供商等,为企业客户提供个性化和多样化的供应链解决方案。

（3）第四方物流公司通过强大的信息技术和广泛网络服务覆盖能力,取得客户的长期信赖,不断开疆拓土,占领更多市场。

（4）人才是企业赖以生存发展的必备条件。第四方物流公司吸引了大量高素质、具有国际化物流视野和供应链专业知识的人才,能够为企业客户提供更为优质、全面的供应链物流服务。

培训要点6:电子商务环境下的4PL整合模型

第四方物流通过其卓越的供应链运作与管理,可以实现供应链条上节点企业"零库存"的目标,有效降低所有企业的仓储成本,从而降低管理成本,电商环境下4PL整合模型如图7-2所示。

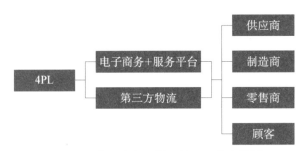

图7-2　电子商务环境下的4PL整合模型

在电子商务服务平台中,把供应商、制造商、零售商和顾客等业务相关方及第三方物流整合起来,从原材料供应到送达最终的用户,通过物流与电商平台,充分发挥供应链的作用。

 【任务执行】

步骤1：上网查找国内知名第四方物流企业资料

本书由于篇幅所限，国内知名物流企业仅介绍菜鸟网络科技有限公司和上海欧麟物流有限公司两家物流企业的相关情况。

名企介绍1——菜鸟网络科技有限公司

公司名称：菜鸟网络科技有限公司（简称"菜鸟网络"）。

成立时间：2013年5月28日。

产品服务：互联网软件、物联网络技术开发、技术咨询和技术服务；企业管理咨询、投资咨询、经纪信息咨询等。

服务网络：中国智能骨干网络体系，将通过自建、共建、合作、改造等多种模式，在全中国范围内形成一套开放的社会化仓储设施网络。

初步愿景：利用先进的互联网技术，建立开放、透明、共享的数据应用平台，为电子商务企业、物流公司、仓储企业、第三方物流服务商、供应链服务商等各类企业提供优质服务，支持物流行业向高附加值领域发展和升级。

最终愿景：希望以5—8年的时间，努力打造遍布全国的开放式、社会化物流基础设施，建立一张能支撑日均300亿（年度约10万亿）网络零售额的智能骨干网络。

企业使命：建立社会化资源高效协同机制，提升中国社会化物流服务品质，打造中国未来商业基础设施。

公司网址：https://www.cainiao.com

名企介绍2——上海欧麟物流有限公司

公司名称：上海欧麟物流有限公司（简称"欧麟物流"）。

成立时间：1999年。

产品服务：物流体系建设咨询服务、供应链战略咨询服务、物流规划咨询服务、供应链网络化战略咨询服务等。

服务网络：为行业高端客户提供全球化的供应链工程咨询服务。

初步愿景：从事供应链物流工程咨询，为行业高端客户提供专业咨询服务。

最终愿景：为纷繁复杂的物流世界提供全面解决方案。

企业使命：协助客户在降低物流总成本的条件下实现既定的客户服务水平，提高企业能力和市场核心竞争能力。

公司网址：http://www.orientlogistics.com

步骤2：分析第三方和第四方物流的区别

第四方物流是供应链的集成者，整合了整个供应链的物流资源和技术，能够使企业更有效率地快速反应，最大限度地满足顾客的需求，从而提高客户满意度，提高供应链的竞争力。与第三方物流相比，第四方物流会有更多的优越性，具体如表7-2所示。

表7-2　第三方物流和第四方物流的区别

物流方	降低成本的方法	提供的服务	不足
3PL	通过对物流运作和物流资产的外部化来降低企业的投资和成本	为企业提供实质性的具体的物流运作服务	如果本身技术水平不高，能为客户提供的技术增值服务就比较少
4PL	通过对整个供应链的优化和集成来降低企业的运行成本	物流供应链技术，具有丰富的物流管理经验和供应链管理技术、信息技术等	自身不能提供实质性的物流运输和仓储服务

步骤3：各组派一名代表上台进行分享

各组派一名代表上台将本组上网查找的资料进行分享。

 【任务巩固】

根据所学第四方物流的知识，分析以下案例中海丰成功进军4PL的因素有哪些。

海丰的第四方物流"冲动"

海丰国际控股有限公司是一家以国际航运、物流业为核心业务的综合物流集团，业务领域涉及集装箱班轮运输、货运代理、报关报验、船舶代理、船舶经纪、船舶管理等领域。目前，海丰国际下属航运集团和物流集团两大业务板块。2006年10月，海丰集团旗下的物流公司与新时代公司的合并计划正式开始，而在接下来的100个工作日内，整个合并的所有细节就已经全部完成，足见海丰的"迫不及待"。

据悉，海丰集团将其原物流体系中新海丰物流有限公司以及一系列与第三方、第四方物流有关的优质资产与新时代国际运输服务有限公司合并成立海丰物流有限公司。合并完成后的新公司整合了海运空运资源，货源客源同步扩大，"海丰物流"这一国内创新的供应链管理服务与综合物流企业随之诞生。

海丰物流毫不犹豫地将4PL作为了自己的身份标识，在4PL尚处于概念化的背景下，海丰此举被业界认为是"疯狂"的举动。

海丰能否走出4PL的"康庄大道"呢？业界怀着极其"复杂"的心情，注视着海丰的一举一动。

而接下来发生的一切，海丰再一次让业界刮目相看。

自10月份进入合并程序至今，在国内主要城市拥有16个分拨中心、服务国内248个城市的海丰物流，数月间业务和利润增长迅速，比过去数月货运订单增长三倍以上。2007年空运货运量突破了110,000吨，较2006年的60,000吨上升80%；同期，海运货量将由180,000个标准集装箱增至逾210,000箱。这些看似不可能的业绩是如何取得的呢？其实,稍微了解海丰成长轨迹的人都会明白,海丰此次打 4PL 牌不是"心血来潮",更不是"赶时髦",而是厚积薄发。早在 2004 年 12 月,海丰集团就进行了大规模的企业战略重组,当时,该公司被分为集运、物流、船东、散货、沿海内贸运输和航运配套服务六大业务体系,并开始向国际化、综合性物流公司迈进。

2005 年,海丰集团总裁杨绍鹏又不惜血本,毅然拿出了 8 400 万元进行他认为是"奢侈品"的 IT 系统建设。

正是这样的远见,让海丰将供应链的各个链条有效地连接起来,形成信息的平滑过渡和流程间的无缝连接,同时提供了基于互联网的查询、客户服务和电子商务平台,为采购商、生产商、运输公司、报关公司、仓储、陆运等相关的公司和客户提供统一的接入平台。

也正是这些"厚积"决定了海丰的 4PL 梦想的"薄发"。

在进军 4PL 之前,海丰已经铺好了路。海丰成功建立国内供应链管理,拥有了稳定客户群,持续优化和增强网络平台的实时实施功能,开拓和加强海外代理网络创造了条件,并为其开拓全球供应链管理服务,提供跨及世界各地的海陆空运输综合方案助跑。

至此,海丰梦寐以求的 4PL 转型水到渠成。

任务二 了解电商绿色物流

【任务展示】

面对纸箱价格持续上涨的危机和过度包装的高成本,以阿里巴巴、京东、苏宁为首的大型快递电商企业已经开始实施绿色物流行动计划。以小组为单位,通过上网查找资料,了解阿里巴巴、京东、苏宁、北京一撕得物流技术有限公司等企业的绿色物流行动计划是什么,最后每组派一名代表上台进行分享。

【任务培训】

培训要点 1: 什么是电商绿色物流

绿色物流是指以降低对环境的污染、减少资源消耗为目标,利用先进物流技术规划和实施运输、配送、储存、包装、装卸、流通加工等物流活动。发展绿色物流不仅要实现经济主体的盈利、满足顾客需求和扩大市场占有率等经济利益,还要追求节约资源、保护环境的目标。绿色物流是可持续发展的一个重要环节,它与绿色制造、绿色消费共同构成了一个节约资源、保护环境的绿色经济循环系统。

电商绿色物流是在电商经营过程中,通过供应链管理新概念和新技术的应用,不断创新电商物流发展模式,实现电商绿色物流资源的可持续发展。

培训要点 2: 发展电商绿色物流的必要性

近年来,我国电商业务呈现爆发式增长,"双 11"、"双 12"等各类电商促销活动屡屡创下销售奇迹。在电商产业的带动下,电商物流的包装需求也开始激增,给环境保护事业造成巨大压力。2020 年我国快递量 830 亿件,同比增长 30.8%,再次刷新纪录。但数据同时也显示,2000 年至 2018 年,快递包装从 2.26 万吨增加到 941 万吨,增量直观可见。

据统计,2019 年全国年消耗塑胶袋超过 250 亿个、包装箱 315 亿个、胶带 535 亿米、气泡袋 95 亿个。加之快递包装实际回收率低,目前我国快递包装回收率小于 20%。快递纸箱的价格暴涨使电商经营成本增加,快递纸箱原材料的价格上涨 75%,使得一个库每日的成本就达百万元级别。

在物流体系中,需要包装来保护产品。但是包装会对环境产生不利影响:一方面,一次性难降解包装长期留在自然界中,会对自然环境造成严重影响;另一方面,过度包装或重复包装,造成资源的浪费,不利于可持续发展,同时也无益于生态经济效益。同时废弃的包装材料也是城市垃圾的重要组成部分,处理这些废弃物要花费大量人力、财力。

电商物流行业为了避免商品因运输过程中造成损坏引起争议和退货的麻烦、提高客户的满意度,宁愿对货物多加包装,但对商品进行过度包装,也造成了极大的浪费。据统计,快递纸箱 2021 年预估消耗近亿棵树木,快递行业每年使用不可自然降解的塑料袋、胶带,排放的二氧化碳可达 2 500～3 500 万吨。即使是可以降解的包装,在包装生产过程中需要排放的废水、废气和废渣的污染量也不容小觑。综上所述,发展电商绿色物流势在必行。

培训要点 3:发展电商绿色物流的措施

电子商务物流包装垃圾污染触目惊心,引起了社会各界的广泛关注。在日益严峻的电商和物流环境下,我们应该大力发展电商绿色物流,利用政策、技术等手段来实现绿色物流,大力倡导电子商务绿色物流,具体措施如图 7-3 所示。

图 7-3　发展电商绿色物流的措施

1. 政策性指引

2016 年 8 月,国家邮政局出台《推进快递业绿色包装工作实施方案》,明确了快递业包装工作的总体目标,提出要稳步推进快递业包装的依法生产、节约使用、充分回收、有效再利用,实现"低污染、低消耗、低排放,高效能、高效率、高效益"的绿色发展。

图 7-4　电子面单

2017 年 2 月 13 日,国家邮政局发布《快递业发展"十三五"规划》,内容中提到推广绿色包装等规划。

2020 年 4 月,国家邮政局围绕快递包装绿色治理明确年度工作任务和措施,提出实施"9792"工程,即到"瘦身胶带"封装比例达 90%,电商快件不再二次包装率达 70%,循环中转袋使用率达 90%,新增 2 万个设置标准包装废弃物回收装置的邮政快递网点。

2. 应用前沿的信息技术

(1)电子面单。单据处理电子化及简约化是推行电商绿色物流的前提。与传统面单相比,电子面单(如图 7-4 所示)从四联简化成两联,单联面单尺寸也有所减小,如出现打印失误或热敏运单损坏等情况,仅损失热敏纸张,不会造成运单整体损坏,运单编号依然可以使用,节约了印制面单的纸张以及因运单损坏而造成的整个四联面单浪费。

（2）无纸化作业。利用物流前沿信息技术,从用户下单,到仓库生产、运输、分拣、站点配送等各环节,物流系统实现了全流程节点扫描无纸化交接,通过终端一体机使用,保证整体正向物流和整个逆向物流当中全部实现无纸化。此外,在"最后一公里"的配送环节,不再让用户在纸质单上签收,而是以电子签收代替,虽然只是小小的程序运用的改变,却可以为企业大大节省了成本。

3. 推广绿色包装

包装规格及要求都不一样,如何满足顾客多样化的包装要求同时兼顾成本、环境保护等,是摆在电商面前很重要的难题。快递包装主要集中在快递运单、编织袋、塑料袋、封套、包装箱、胶带这六大类。在绿色包装上,企业用得较多的方法是环保包装材料和包装材料的回收。

（1）绿色包装最重要的一个方面就是包装材料的绿色化。绿色包装材料按照环境保护要求及材料使用后的归属大致可分两大类,具体如表 7-3 所示。

表 7-3　绿色包装材料分类

分　类	内　容
可回收处理再造的材料	纸张、纸板材料、模塑纸浆材料、金属材料、玻璃材料,通常的线型高分子材料(塑料、纤维),也包括可降解的高分子材料
可自然风化回归自然的材料	全生物降解包装袋,采用生物基材料 PBAT＋PLA,在堆肥条件下 3～6 个月可实现降解,对环境零污染

例如:中通快递在全国各大转运中心及网点推出了绿色可循环使用的帆布袋。据悉,一条帆布袋可重复使用 4—6 个月,使用率是以往单条编织袋的 100 倍。顺丰还推出了二次使用文件封和免胶纸箱,以及可回收的 EPP 冷藏箱。

（2）大力发展绿色包装回收。菜鸟网络在菜鸟校园驿站开始设立"绿色回收专区",目前已回收再利用的纸箱超过 20 万个,将在全国 1 000 所高校实现纸箱循环利用。在绿色包裹方面,菜鸟网络开发应用生物降解塑料包装及无胶带纸箱等,已有超过 200 万个绿色包裹到达消费者手中。

4. 新能源物流车辆的使用

随着环保理念深入人心,电商物流行业同样也需要在保护环境方面做出贡献,因此,大多数企业都在交通工具的改变在配送环节植入了绿色概念。新能源车也逐步投入到配送运输环节,如图 7-5 所示。

例如:中通快递的台州天台网点,在没有使用新能源车之前,多使用面包车收派件,每天的油耗花费为 80—90 元;使用电瓶车之后,汽运成本下降到 30 元/天。菜鸟网络也在城市配送领域推广新能源车,目前已覆盖 30 座城市,近 2 万辆车。以深圳为例,使用菜鸟智

图 7-5　新能源车辆

慧新能源车之后,单车行驶距离减少了约 30%,空驶率降低 10%,成本节省超过两成。

5. 优化包装空间

电商包装方面,除包装材料的选择外,包装空间的利用也是一个很重要的因素。对于量比较大的业务来说,选择合适的包装也能够节省一定的成本,另外合理的打包算法,也是目前能够实现的绿色智能技术。"智能打包算法技术"能在消费者下订单后根据商品的属性、数量、重量、体积,甚至摆放的位置进行综合计算,迅速与外包装箱子的长度和承重量进行匹配,整个计算过程不超过 1 秒。

 【任务执行】

步骤 1: 上网查找电商企业的绿色物流行动计划

请上网查找并了解阿里巴巴、京东、苏宁、北京一撕得物流技术有限公司等电商企业实施了哪些绿色物流行动计划,将表 7-4 补充完整。

表 7-4　电商企业绿色计划

企业	绿色计划	内容	图片
阿里巴巴	绿动计划		
京东	青流计划		
苏宁	漂流箱计划		
北京一撕得物流技术有限公司	一撕得纸箱		

步骤 2：各组派一名代表上台进行分享

各组派一名代表上台将本组上网查找的资料进行分享。

【任务巩固】

通过权威期刊资料查询和互联网查询等方式查找三家具有代表性的倡导绿色物流公司的信息，完成表 7-5 的信息填写。

表 7-5　倡导绿色物流公司的基本信息

序号	企业名称	主营业务	绿色物流计划及措施

任务三　了解电商冷链物流

【任务展示】

上海安鲜达物流科技有限公司成立于 2015 年，是一家具有全国生鲜冷链配送行业领先技术的供应链管理公司，为生鲜食品行业客户提供冷库仓储、冷链干线、冷链短驳、安全质检、货物包装、分拣加工、冷链宅配、门店销售等一体化冷链仓储服务。服务范围覆盖以上海、北京、广州、成都、武汉、济南、福州、西安、沈阳为中心的全国网络。目前已成与天猫超市生鲜店、易果生鲜等国内知名生鲜电商建立长期合作关系，提供一站式冷链仓配送服务。

中外运普菲斯亿达（上海）物流有限公司于 2010 年 11 月筹建，2012 年 2 月正式成立，由中国外运物流发展有限公司与普菲斯亿达物流（香港）集团有限公司合资组建。中外运致力于成为国内外客户首选的具有国际竞争力的综合物流服务供应商；普菲斯亿达是美国冷冻冷藏仓库服务领导者，全球冷链公司排名前四位，专注于把先进技术应用于冷冻冷藏仓储管理。中外运和普菲斯亿达的强强联合势必在中国冷链物流市场上占据鳌头。

图 7-6　国内知名冷链物流企业

安得智联科技股份有限公司是一家专注于提供智慧物流集成解决方案的现代科技创新型企业。提供整车、快运、仓配一体与供应链、国际货代等多元业务，并依托领先的科技技术、智能装备实现智能自动化集成解决方案。安得智联成立于 2000 年 1 月，注册资金 6.765 亿元，全国拥有冷链物流、国际物流、零担快运、智能科技 4 家专业公司及 28 家分公司。

请根据以上冷链物流相关企业的情况,结合老师的讲解,全面了解冷链物流的概念及特点等方面的知识。

【任务培训】

培训要点 1: 什么是冷链物流

冷链物流是指冷藏冷冻类食品从生产、贮藏运输、销售到消费前的各个环节始终处于规定的低温环境下,以保证食品质量,减少食品损耗的一项系统工程。它是随着科学技术的进步、制冷技术的发展而建立起来的,是以冷冻工艺学为基础、以制冷技术为手段的低温物流过程。

培训要点 2: 了解我国电商冷链物流的发展现状

随着我国电子商务的不断发展,电商企业已经逐步渗透到生鲜领域。如今,随着网络购物的普及,生鲜电商也走进了消费者的日常生活,甚至抢走了菜市场的生意。2020 年我国生鲜电商交易规模为 3 641.3 亿元,较 2019 年 2 554.5 亿元,同比增长 42.54%。生鲜电商规模虽然增长,但是增速持续下滑。从 2015 年到 2019 年增速一路下滑,2020 年的增速较之有所上升,主要受疫情和春节影响较大。2020 年全年日均活跃人数均在 800 万以上,生鲜电商月活跃人数规模均在 4 000 万人以上。2021 年上半年生鲜电商交易规模约 2 362.1 亿元。

生鲜电商给消费者带来的,不仅是更为便捷的购物体验,还有更加丰富、多元的商品品类,从海外到国内,从水果到蔬菜,从生食到熟食,成功地把越来越多的优质产品送到消费者手中。对于电商冷链来说,冷链物流是电商进行配送的根本保障。物流既是机遇又是挑战,只有用心经营,不断适应消费者市场的变化,才可以在冷链领域中立足。

培训要点 3: 冷链物流的适用范围有哪些商品

冷链物流的适用范围具体如表 7-6 所示。

表 7-6 冷链物流的适用范围

种类	具体产品
初级农产品	蔬菜、水果;肉、禽、蛋;水产品、花卉产品
加工食品	速冻食品、禽、肉、水产等包装熟食;冰淇淋和奶制品;快餐原料
特殊商品	药品

培训要点 4: 电商冷链物流的难点是什么

前文提到,在全国近 4 000 家农产品电商中,只有 1% 的生鲜电商能够实现盈利。电商冷链物流的制约因素具体如图 7-7 所示。

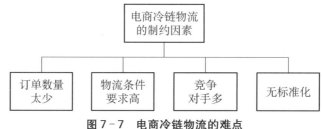

图 7-7 电商冷链物流的难点

1. 订单数量太少

绝大多数电商企业亏损,根本原因在于订单数量太少。有调查数据显示,生鲜电商在整个电商领域的渗透率只有1%,所占比率极其低下。对于大多数家庭来说,他们购买生鲜产品往往还是选择小区周边的菜市场或者超市购买,尤其是对于不怎么懂上网的老年人来说,他们更愿意到线下实体店购买生鲜类商品。

2. 物流条件要求高

电商冷链产品不同于其他的产品,必须要保证足够的新鲜度,但是在生鲜产品的存储、运输配送等过程中又极易导致货物的损耗,因而必须采用冷链运输,这对物流条件的要求非常高。通常情况下,生鲜冷链物流的成本较普通商品高出1—2倍,冷链成本占销售额25%～40%。因此对于生鲜电商来说,整个冷链物流建设成本非常高,回报时间也较长,大多数的生鲜电商都难以承受如此巨大的成本,导致电商冷链企业长期亏损。

3. 竞争对手多

据统计,目前全国一共有近4 000家生鲜电商企业,而且大多数的生鲜电商都还集中在北京、上海、广州、深圳等几大一线城市当中。面对如此众多的竞争对手,免不了会出现竞争同质化严重的情况,本来生鲜电商就成本高、单价低,如果采用烧钱补贴的"价格战"策略只会两败俱伤,最终也降低了生鲜电商的盈利能力。

4. 无标准化

众所周知,电商冷链产品的品种非常多,即便是同种类的水果,由于品质的不同它的定价也难以统一。加上冷链产品供应链不稳定,产品源头品质把握不好的话,也会导致无法实现标准化。既然难以标准化经营,也就无法降低它的成本,同时也导致消费者很难横向对比评价。

培训要点5:电商冷链物流的配送模式

对于当前电商冷链物流的配送来说,主要分为自建物流配送、第三方物流配送以及将两者相结合的三种模式,具体如表7-7所示。

表7-7　电商冷链物流的配送模式

配送模式	特　征	代表企业
自建物流配送模式	① 商品品质把控能力强 ② 标准化的仓储运作模式 ③ 配送时间有保障 ④ 断链风险小	易果生鲜、中粮我买网
第三方物流配送模式	① 不需要自建仓储、配送中心,节约成本 ② 配送质量无法把控 ③ 高损耗、高退货率	本来生活、一米鲜
自建物流与第三方物流结合模式	综合以上两种配送模式的特征,但总体效果不好	天天果园

培训要点6:电商冷链物流的发展趋势

随着技术的提升、资源配置的优化,电商冷链物流的发展趋势,将逐步通过"实体＋电商＋冷链"的方式来实现共赢的局面,冷链物流中小企业抱团发展、行业联合已成趋势。像一些冷链物流企业除了采取抱团发展的策略,在扩大市场规模、降低物流成本的基础上,也通过一系列的努力形成了网络覆盖、服务标准、人才聚集等方面的核心竞争力,以期更好地服务市场,企业也从而实现了可持续发展,具体趋势如表7-8所示。

表7-8 电商冷链物流的发展趋势

发展趋势	具 体 表 现
智能化	借助于互联网新技术的应用,实现物流全过程安全可追溯、质量可监控、订单信息可跟踪等;借助大数据、物联网等技术的运用实现冷链物流的智能化,将大幅提升冷链物流配送的效率,并对整个冷链物流配送进行更好的管理把控
精细化	从产地预冷、自动化冷库贮藏、全程冷链运输到末端配送的冷链配送全过程中,每一个过程都要通过不同的温区保存相应的生鲜产品,这就需要针对不同的温区进行区别对待,管理也就变得越来越精细化
平台化	随着自建冷链物流的生鲜电商企业在冷链配送方面优势越来越明显,他们将会通过在满足企业自身业务的基础之上,为第三方平台提供服务

 【任务执行】

步骤1:冷链物流企业概况

通过资料查找和上网查询等方式了解这三家冷链物流企业的基本信息,完成表7-9。

表7-9 电商冷链物流企业的基本情况

序号	企业名称	基本情况	冷链业务特色
1	上海安鲜达物流科技有限公司		
2	中外运上海冷链物流中心		
3	安得智联科技股份有限公司		

步骤2:概括冷链物流企业的概念

冷链物流企业是指_____

_____

步骤3:冷链企业配送模式及市场细分

通过上网查询或者实地调查,完成相关冷链企业的资料收集和记录,并填写完成表7-10。

表7-10 电商冷链物流企业配送模式及市场细分

序号	企业名称	配送模式	主营业务	客户
1	上海安鲜达物流科技有限公司			
2	中外运上海冷链物流中心			
3	安得智联科技股份有限公司			

【任务巩固】

截至 2017 年 10 月,京东在全国建立了 11 个生鲜冷库,覆盖深冷、冷冻、冷藏和控温四个温层,实现了 -30℃ 至 30℃ 的全温层覆盖,以满足不同品类的个性化存储需求。京东数据显示,目前国内有 300 多个城市的消费者可以享受京东自营的生鲜配送,其中超过 220 个城市实现了当日达和次日达,京东已成为中国最大的生鲜电商冷链宅配平台。

思考一下,作为中国最大的生鲜电商冷链宅配平台,京东是如何做到的?请根据所学电商冷链物流相关知识,结合我国生鲜电商的实际情况进行分析,并把分析结果以图文结合的形式展现出来。

任务四 了解电商"海淘"物流

【任务展示】

海购丰运(SFBUY)是顺丰速运集团旗下专业的海淘转运服务平台,致力于为海淘客户提供高效、便捷的全球转运服务。阳光清关,快速便利;全程物流轨迹,一单跟踪到底;7×14 小时在线客服,专业高效;安全保障:严格规范操作,保障货物安全。

顾客小邱在亚马逊海外购网站上准备购买一款西铁城牌的男士不锈钢手表,商品页面如图 7-8 所示。但是作为初次海淘的新手,小邱对海淘物流的情况不是很了解。请你借助海购丰运平台,帮小邱完成此次手表的海淘购物。

图 7-8 亚马逊海淘

【任务培训】

培训要点 1:什么是海淘

海淘即海外网站购物,就是通过互联网检索海外商品信息,并通过电子订购单发出购物请求,借助网络支付平台支付订单,由海外购物网站通过国际快递发货,或是由转运公司代收货物再转寄回国。

培训要点 2：我国"海淘"发展现状

随着国人消费升级的步伐加速，2019年，我国海淘用户规模将近 1.55 亿人；2020 年我国海淘用户规模扩大至 2.35 亿人。预计未来仍能维持高速增长，全民海淘时代正在到来。

2020 年，中国跨境进口零售电商的市场规模约为 2 050 亿元，增长率为 11.5%，预计在未来政策、疫情、消费等各类环境趋于稳定的前提下，2021—2025 年行业年均复合增速可维持在 25% 左右。随着以国内大循环为主体、国内国际双循环相互促进的新发展格局加快形成，我国跨境电商市场规模将继续保持高速增长态势。

培训要点 3："海淘"平台

"海淘"平台一般可以分为综合性的购物平台、垂直类的网站、信息聚合网站、海淘类的平台、海淘返利类平台，其平台代表网站如表 7-11 所示。

表 7-11　海淘平台一览表

平台类型	平台代表
综合性的购物平台	网易考拉海购、天猫国际、唯品国际、京东全球购、Amazon，Ebay，Drugstore，Nordstrom，6PM，Saksfifthavenue，Gymboree，Diapers
垂直类的网站	Fasion，ASOS. com，Zappos. com
信息聚合网站	Dealam. com；Dealmoon. com，Dealsea. com，taotaomom. com，slickdeals. net. 海淘贝
海淘类的平台	iHerb
海淘返利类平台	中文网站 55 海淘，英文网站 Gocashback. com

培训要点 4："海淘"的形式

"海淘"主要有直邮和转运两种形式，每种形式都有各自的优缺点，具体如表 7-12 所示。

表 7-12　不同的海淘形式优缺点一览表

形式	内容	优点	缺点
直邮	网站接受中国的信用卡付款并支持直接邮寄到中国	简单方便；万一丢单、破损可以直接跟购物网站交涉，要求补发	支持直发的海外购物网站很少；运费贵
转运	网站接收国内银行签发信用卡付款，但是不能直接邮寄到中国，这种情况需要找一个提供当地收货地址的转运商。商家负责将货品送到转运地点，转运商负责把商品运到中国消费者的手上	可选择的商品多很多；其邮递速度有保证且可跟踪；较之直发，转运比较便宜	需要使用一些变通手段避开消费税；周期长；若运输出现问题（如丢失等情况），不好交涉

【任务执行】

步骤1：注册海购丰运会员

（1）使用邮箱或手机号注册（目前仅支持大陆地区手机号码注册）。关注并绑定海购丰运的微信服务号（如图7-9所示），可实时查看包裹的物流信息，用户还能通过微信服务号享受更多优惠。

扫一扫

图7-9　海购丰运微信服务号

（2）注册成功后，点击个人资料，可修改登录密码、升级会员和完善个人资料信息，如图7-10所示。

图7-10　个人资料

（3）点击个人资料右侧的优惠券，查看优惠券使用情况，如图7-11所示。

图7-11　优惠券

步骤2：获取转运仓地址

点击左侧导航栏的"转运仓地址"标签页，获取海购丰运的转运仓地址（APT后7位数字就是用户专属的储物箱号），如图7-12所示。

图 7 - 12　转运仓地址

步骤 3：新增收货地址

在左侧导航栏的"收货地址"标签页中点击"新增收货地址"，完善姓名、手机号码、地区及详细地址等信息，同时可在"证件管理"中上传你的个人证件信息。

步骤 4：海外下单

海外平台购物时，填写海购丰运的专属转运仓地址。

步骤 5：添加新包裹

购买完成后，在"我的包裹"标签页中点击"添加新包裹"，然后在界面中选择转运仓库、目的地区、转运模式等，如图 7 - 13 所示，输入商家物流单号、填写商品信息并同意"关于错误填写商品信息提示"，设置配送方式和收货地址等。

图 7 - 13　添加新包裹

美、日、韩到中国大陆及台湾地区流向需添加购物清单截图再进行提交，如图 7 - 14 所示。

图 7 - 14　美、日、韩到中国大陆及台湾地区流向购物清单处理

美、日、韩到港澳地区流向和中国大陆到新加坡、马来西亚、港澳台地区等流向无需上传购物截图,如图 7－15 所示。

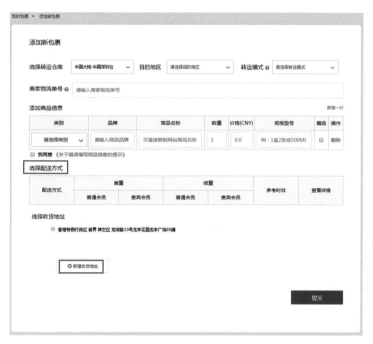

图 7－15　美、日、韩到港澳台地区流向和中国大陆到新加坡、马来西亚、港澳台地区等流向购物处理

步骤 6: 转运仓揽收包裹

客户通过平台预报后,关务对预报信息进行审核,海外站点代收包裹,对包裹进行扫码、称重和入库,如图 7－16 所示。

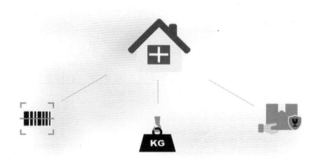

图 7－16　包裹作业

如此时未再添加新包裹,包裹入库后其信息会出现在账户"我的包裹—待处理"中,如图 7－17 所示。

图7‑17　包裹待处理信息

如有新包裹添加,需在"补充包裹信息"中选择目的地区,添加商品信息、选择配送方式、添加收货地址等,如果是美、日、韩到中国大陆及台湾地区流向还需提交购物截图和个人证件等信息,如图7‑18所示。

图7‑18　补充包裹信息

步骤7：选择增值服务

待包裹入库后,包裹信息会出现在"我的包裹—待处理"中,可以点击"出库"按钮并支付运费,也可点击右侧的包裹详情和物流轨迹,查看包裹详情和物流详情,如图7‑19所示。

图 7‑19　包裹物流详情

美国、日本、韩国到中国大陆及港澳台地区流向的包裹,以及中国大陆到新加坡、港澳台地区、马来西亚流向的包裹可根据个人需要下达合箱指令,如不需要则可选择直接出库,如图 7‑20 所示。

图 7‑20　包裹直接出库处理

步骤 8:支付运费并出库

支付运费后包裹会下架出库,生成顺丰运单号,如图 7‑21 所示。

图 7‑21　运费支付

步骤 9:海关清关

包裹将被空运至最合适的清关口岸,清关通过后,包裹进入派送环节,如图 7‑22 所示。

图 7-22　海关清关

步骤 10：派送、用户签收

包裹到达收货目的地后，在家坐等快递小哥送货上门，如图 7-23 所示。

图 7-23　包裹派送、用户签收

【任务巩固】

根据以上亚马逊网站海淘案例，请大家在网易考拉海购网站上体验一次海淘网购，并对海淘货物进行物流跟踪。海淘货物自选，也可以到其他海淘网站进行海淘。

参考资料

1. 陈雄寅. 仓储与配送实务[M]. 上海：华东师范大学出版社，2013.
2. 陈雄寅. 物流设备操作[M]. 北京：高等教育出版社，2014.
3. 田中宝. 电子商务与物流. [M]. 北京：高等教育出版社，2014.
4. 陈月波. 电子商务实务[M]. 北京：中国人民大学出版社，2014.
5. 陈进. 淘宝网店经营[M]. 广州：暨南大学出版社，2015.
6. 崔介何. 电子商务与物流[M]. 北京：中国物资出版社，2002.
7. 张晓燕. 对中国 B2C 电子商务发展思路的探索[J]. 商场现代化，2005，(20)：70.
8. 商磊. 电子商务物流实务[M]. 北京：机械工业出版社，2016.
9. 张浩，王婷睿. 电子商务物流实务[M]. 北京：机械工业出版社，2014.
10. 国家邮政局快递职业教材编写委员会. 电子商务与快递服务[M]. 北京：北京邮电大学出版社，2012.
11. 张新颖. 采购实务[M]. 北京：机械工业出版社，2006.